台湾社会观察丛书

台湾农渔会组织

田晓燕　严安林　著

九州出版社
·北京·

图书在版编目（CIP）数据

台湾农渔会组织／田晓燕，严安林著．—北京：九州出版社，2009．4

（台湾社会观察丛书／严安林主编）

ISBN 978-7-80195-989-8

Ⅰ．台…　Ⅱ．①田…②严…　Ⅲ．①农民协会－研究－台湾省②渔民－协会－研究－台湾省　Ⅳ．D422．2

中国版本图书馆 CIP 数据核字（2009）第 047325 号

台湾农渔会组织

作　者	田晓燕　严安林　著
出版发行	九州出版社
出 版 人	徐尚定
地　址	北京市西城区阜外大街甲 35 号(100037)
发行电话	(010)68992190/2/3/5/6
网　址	www. jiuzhoupress. com
电子信箱	jiuzhou@ jiuzhoupress. com
印　刷	三河市东方印刷厂
开　本	720×1020 毫米　16 开
印　张	12.5
字　数	186 千字
版　次	2009 年 5 月第 1 版
印　次	2009 年 5 月第 1 次印刷
书　号	ISBN 978-7-80195-989-8
定　价	28.00 元

前 言

从欧美一些发达国家与地区的经验看，农业并没有因为高度工业化而被忽视。不论是在以农业为主的社会还是已经高度工业化了的今天，农业始终是国民经济的基础，其重要性不会因为社会的变迁而发生任何改变。农业不仅提供民生的需求，也是社会经济安定的重要基础。

即使台湾农业已经不像战后“经济起飞”时期那样令人瞩目，甚至可以说现在已经沦为“夕阳产业”，尤其是台湾加入WTO以后，其他国家与地区的各种农产品蜂拥进入台湾市场，农产品的供需失调问题日益严重。时至今日，台湾农业、农民问题也已成为台湾社会无法回避的重大课题。台湾地区农业的发展已到了瓶颈地带，农民境况窘迫，农业前景黯淡。因而，如何辅导农业升级与转型，强化农业产销体系；如何积极开发国际市场，全力、全面扶持农业，是当今台湾社会面临的严峻课题。

20世纪40年代末50年代初，在完成土地改革的基础上，台湾开始进入大规模经济建设阶段，短短二三十年时间内，台湾即完成了从落后的传统农业经济向新兴工业经济的转变。在农业现代化过程中，农民组织扮演了至关重要的角色，使小农在经营上的许多缺失借由农民组织来加以填补和克服，使小农得以享受部分规模经济的利益与效益，降低其经营之不利。因此台湾农业发展的成功，农民组织功不可没。台湾重要的农民组织有农会、水利会、农业合作社、渔会及农民产销班等。其中，农渔会组织贡献最大。

农渔会为农渔民的基层组织，农渔民利益的代言人，多年来扮演着台湾当局与农渔民之间沟通桥梁的角色，对于台湾农渔业的发展贡献巨大。但是近年来的环境变迁对其构成了严重的威胁，亚洲金融风暴以后，泡沫经济的冲击使金融业与房地产业萧条不振，严重影响着农渔会信用业务的经营，而全球化的变迁使得农产业结构发生变化，冲击着农村社会，也使农渔会运销业务的经营雪上加霜。

加入世界贸易组织对台湾农渔业生产的效应无疑是最重要的变迁。农产贸易的自由化与国际化都直接冲击台湾农业生产环境，农业生产环境改变对于农会业务的经营也有相当程度的影响。

1999年底的“农业发展条例修正”，将农地农有政策修改后，使农业生产条件产生重大变化，而2001年修正通过的“农会法”则对农会业务的经营造成十分重大的影响，除了理、监事等选任人员的资格限制、农会总干事的任期限制外，影响最深远的莫过于第五条修正：准许5家以上农会可以投资成立公司，并正式将农会业务经营导入市场经济体系之中，自此宣告农会做生意时代来临。

从数据上来看，台湾农渔会的经营确实陷入困境。1995年，农会的总盈余是125亿5300多万元新台币（下同），到2000年度全农会综合盈余下降到39亿8000多万元，5年间农会总盈余下降6成多，根据最新数据，2001年度的亏损更严重，可能亏损的金额超过盈余的金额。亏损的情形则是从1995年的3家农会增至2000年的35家以及2001年度的54家。

虽然说经济不景气是造成获利下降的主要原因，但是剧烈的环境结构变迁也是农会组织重新发展的契机。

寻求发展的契机，先要分析了解农渔会组织当前的处境及与环境的关系，而后提出发展战略。台湾农渔会最大的危机在于政治力的严重介入，政治凌驾专业，更加重农渔会的经营危机，农渔会经营不善的原因，除了与政治、专业、人为因素有关外，农渔业逐渐步入科技化，也正影响着台湾农渔会组织的走向。

农渔会组织与台湾政党、地方派系、选举有着“剪不断，理还乱”的关系。尤其是民进党上台后，台湾当局与农渔民关系一度深陷僵局，持续紧张，原因何在？2002年台湾十万农渔民走上街头，爆发了台湾历史上罕见的农渔民大规模游行活动，其经过与结果如何？农渔会面对危机如何应对？其未来发展方向如何定位？这一系列现象与疑问，理所当然地引起海内外关心台湾问题的人士与学者的观察、思考和研究。

本文拟从农渔会组织当前面临的经营环境分析着手，探究农民组织的核心竞争力，探讨其发展策略。最后通过几个有代表性个案的分析，共同探索农渔会组织的未来革新之路，并展望两岸农渔业合作的模式。

目　录

第一章 走近台湾农渔会

第一节 台湾农渔会组织缘起

一个区域内的企业在其生产过程中有各种知识的溢出，通过组织可以收集和分析区域内以及区域外各种技术知识、信息等，并将其转化为组织内的生产关系，生产集体产品，节约了组织内成员企业的信息收集和处理成本。①

20世纪40年代末50年代初，在完成土地改革的基础上，台湾开始进入大规模经济建设阶段，短短二三十年时间内，台湾即完成了从落后的传统农业经济向新兴工业经济的转变。在农业现代化过程中，农民组织扮演了至关重要的角色，使小农在经营上的许多缺失借由农民组织来加以填补和克服，使小农得以享受部分规模经济的效益与利益，降低其过小规模经营之不利。因此台湾农业发展的成功，农民组织功不可没。台湾重要的农民组织有农会、水利会、农业合作社、渔会及农民产销班等。其中，农渔会组织贡献最大。

一、农会组织沿革

（一）农会组织形成过程

农会是台湾地区分布最广、影响最大、最为完善、功能最为齐全的农民组织。其源于日据时代，1900年9月第一个农会于台北县三峡镇成立②，此

① 赵黎青：《非政府组织与可持续发展》，北京：经济科学出版社，1998年版。

② 关于台湾第一家农会成立的时间，郭敏学曾有两种不同的说法：一说为1899年（见《台湾农会发展之史的检讨》；《台湾农会发展轨迹》，台湾商务印书馆，1984年，第293页）；一说为1900年（见郭敏学：《台湾之农民组织》），所以有两种说法，其原因在于日本纪年和公历纪年之间的换算问题，文献记载第一家农会成立于明治33年，换算成公历应当是1900年，而非1899年，但这一错误仍有人沿用，如黄德福、刘华宗：《农会与地方自治：以台中县与高雄县为例》（《中国地方自治》第15卷第2期，1997年6月）。

后相继在新竹、彰化等地设立，到1908年台湾共成立了16个农会组织，这一时期的农会系农民自发性的职业团体，当时成立的主要目的是为了“共同从事垦荒工作，或为确保耕作权，或为求减租”①，确保自己的利益。日据时期，农会被日本人用作执行当局政令、征收捐税、统治乡村的工具。为了加强对农会的控制，更多地掠夺资源和产品，日本政府分别多次对农会组织进行合并和规范，制定了《台湾农会令》、《台湾农会令施行规则》等有关规定②。至1945年，农会组织已经发展为省、县、乡镇三级制的组织体系，由最早的农民自发性的松散非正式性组织，发展为政府致力于指导并有法律依据的严密的正式性组织。

台湾光复后，为进一步发展农业，理顺、健全农会组织及其运行体制，接收原日据时代各地农会的资源，台湾当局分别于1946、1949、1953年多次对农会组织进行改组，并在1952年颁布的“改进台湾省各级农会暂行办法”的基础上，于1974年6月12日颁布了“农会法”，此“法令”对农会组织的任务、宗旨、会员的组成、权责、经费等诸多方面进行了较系统的规定，它对促进农会组织的发展起到了巨大的推动作用。

台湾农会在台湾各个群众团体中，会员最多、体系最完整。在台湾，目前有近70万人在务农，大多数农民都会加入当地的农会，农会组织对台湾的农业与农村发展做出了巨大的贡献，也对台湾的乡村、社会、经济、教育以及政治各个层面产生了巨大的影响。台湾有乡镇市319个，每个乡都有自己的农会组织，每个县有县农会，还有省农会，他们依靠着自己的组织——农会，完成农业生产和销售的全过程。

农会是农经制度的一环。半个世纪以来，随着农业发展的历程演进，农会基础愈趋坚实茁壮，已成为台湾农村安定繁荣的基石之一。

（二）农会组织体系和治理结构

根据台湾“农会法”规定，台湾农会组织系统，依行政区域，采省、县、乡三级制，省级设省（市）农会，县级设县（市）（区）农

---

① 李力庸：《台湾农会之研究（1900－1954）》，台湾：《万能学报》第18期，1996年7月；《日据时期台湾农会的组织与功能（1900－1945）》，台湾：《万能商学学报》第20期，1998年7月。

② 李力庸：《日治时期台中地区的农会与米作（1902－1945）》，台湾：政治大学历史系博士学位论文，2000年。

会，乡级设乡（镇）（区）农会。各级农会既是独立的法人，可以独立地开展各项业务，又与上级及其他农会之间互相配合，下级农会接受上级农会的指导，各级农会组成一个系统的组织网络。基层农会下设农事小组，为农会事业基层推行单位；各级农会内成立相应的业务部门，负责各项业务的执行。农会内部系统如图所示：

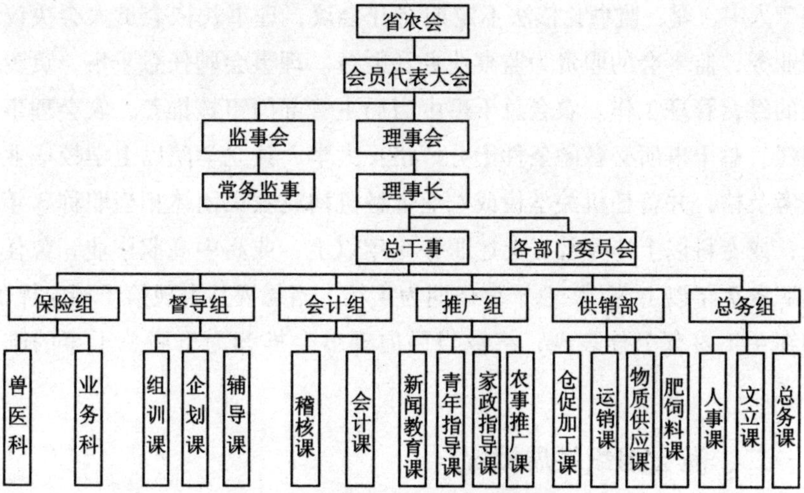

图 1.1　台湾农会内部系统结构图

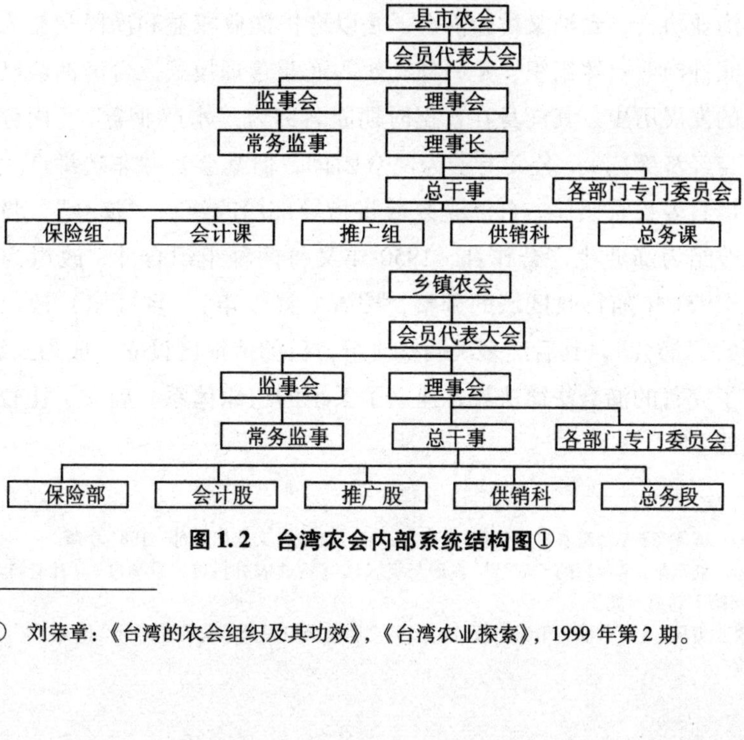

图 1.2　台湾农会内部系统结构图①

① 刘荣章：《台湾的农会组织及其功效》，《台湾农业探索》，1999 年第 2 期。

台湾农会在内部治理结构上，按照合作民主管理的原则设置机构，各级农会会员代表大会为农会的最高权力机构，决定农会年度会务、事业计划、预决算、各种章制、处分及其他与会员权利有关的事项，并选举理事、监事及出席上级农会会员大会的代表。一般乡镇设理事9人，监事3人，县级设理事9－15人，监事3－5人，省级设理事21人，监事7人①。理、监事会依法不定期召开会议，理事长依会员大会决议策划业务，监事会的职责为监察业务及财务。理事会聘任总干事，负责农会的经营管理工作。农会总干事由当局主管部门审核推荐，农会理事会聘任。总干事所必备的条件十分严格：大学、独立学院以上学校毕业或高考及格，并曾任机关学校或农业金融机构或农民团体相当职称3年以上；或专科以上毕业曾任上述职务5年以上；或高中高职毕业，曾任上述职务7年以上等。② 总干事任期为4年，当局视其表现给予相应评价。如在4年内有上佳表现，将被当局向理事会推荐为下届总干事的唯一人选。

二、渔会组织发展概况

（一）渔会沿革

渔业协会，台湾又称为渔会，是以维护渔业权益和渔民利益为宗旨的民间性渔业自律组织，是一种有效的渔业管理模式。台湾渔会已有近百年的发展历史，其前身在日据时期原名称为“水产业会”（内分指导部门与经济部门），名义上虽为民众团体，但其会长并非选举产生，系由水产官署长官兼任。台湾光复后将指导部门改组为“渔会”，将经济部门改组为渔业生产合作社，1950年又将两种组织合并，改组为“渔会”。1951年随行政区域的调整，按省、县（市）、乡（镇）改组为三级制的“渔会”，其后经多次调整改组，目前依渔区设立，成为二级制，制定了完善的渔会法律法规，建立了系统的组织体系，确立了比较健全的职能。③

---

① 黄俊杰：《台湾农村的黄昏》，台湾：自立晚报社文化出版部，1984年版。

② 刘钦泉：《台湾的“农会”发展与组织》，《西北农林科技大学学报》（社会科学版），2001年第1卷第6期。

③ 黄异：《现行渔会组织之探讨》，《第二届渔会组织及经营管理研讨会论文集》，1996。

台湾的渔会法律体系较为健全，目前有关渔会的法律法规有20多个，其中最为重要的是“渔会法”和“渔会法施行细则”。“渔会法”是台湾渔会的基本法规，自颁布以来已经做过20多次修正。“渔会法”分为10章，共有53条规定。该法对台湾渔会的性质、宗旨，渔会的职能、设立，会员和职员的资格及相关权利义务，渔会经费的来源与管理，以及对渔会的监管等问题作了详细的规定。“渔会法施行细则”共有45条规定，其对“渔会法”的相关规定作了进一步的说明解释。除渔会的基本法规之外，台湾渔会法律体系还包括一些具体实施细则，如“渔会财务处理办法”和“渔会法定公积公益金及各级渔会联合训练互助经费保管运用办法”等。此外，台湾还制定了一些针对基层渔会的法规，如“台湾省基层渔会会员资格审查及认定要点”、“台湾省各区渔会总干事遴选评审作业要点”等。台湾渔会法律体系为渔会制度的运作提供了坚实的法律后盾，保障了渔业的持续发展和渔民的合法权益，使台湾渔会制度沿着法治化轨道纵深发展。

（二）渔会组织体系与治理结构

渔会为渔民组织的团体，以台湾35个区渔会，及高雄、小港、金门、马祖共计39个区渔会会员组成①。各区渔会则以地区渔民人会为会员，其会员分为甲、乙类及赞助会员等，台湾省渔会及各区渔会皆为独立的公益社团法人，只有各区渔会财务、业务接受台湾省渔会辅导。

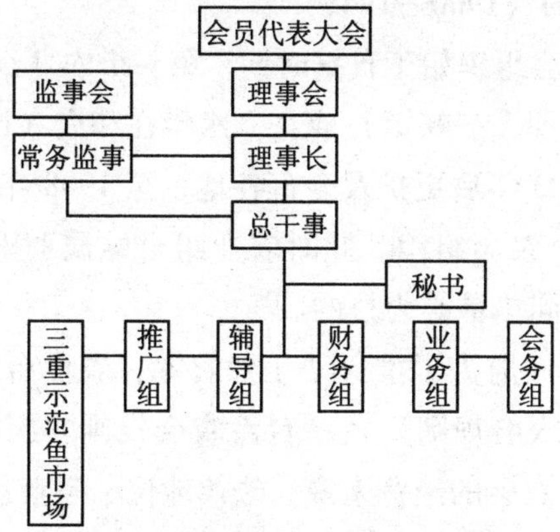

图1.3　台湾渔会内部系统结构图

① http：//www. aptcm. com/fish/km. nsf。

依照“渔会法”规定，渔会采行权责划分制度，分为议事机构及执行机构。

1. 议事机构：为渔会权力部门，包括会员代表大会、理事会及监事会。省渔会及地区渔会以会员代表大会为最高权力机构，每年召开一次会员代表大会，会员代表大会休会期间由理事会（区渔会两个月召开一次、省渔会两个月召开一次）依会员代表大会决议策划业务、监事会监察业务及财务。

2. 执行机构：为渔会行政部门，总干事为渔会行政主管，秉承理事会决议执行渔会任务，向理事会负责，并执行理事会决议事项；下设秘书及会务、业务、推广、辅导、财务五组暨三重示范鱼市场等六个单位，另为推展渔船、渔民海难救助、渔会互助及生产建设基金的管理运用等，设置各种不同性质的委员会。

事实上，台湾渔业之所以能迅速发展，得力于渔会之处甚多，渔会可以说已经发挥了渔民组织的功能。

第二节　台湾农渔会组织的发展

一、台湾农会组织形态演变

（一）日据时期（1900—1945）

早期台湾的农会组织始于日据时期，第一个农业组合于1900年9月在台北县三角涌（即今三峡镇）成立，次年在和尚（即今芦洲）成立第二个农业组合，1903年后更扩及全台各地，至1908年，在新竹、桃园、台北等地共有16个农会组织。此时农业组合纯属职业团体，以抗衡地主、争取权益及共同拓垦等为目的。①

1908年，日本政府为了推行“工业日本，农业台湾”的殖民政策，以律令公布《台湾农会规则》及《台湾农会规则实施细则》，赋予农会“法人地位”，并对农会的经费来源、法律地位、事业组织及会员的产生

---

① 台湾省政府农林厅编印：《农会业务经营要览——总论农会组织》，1965年版，第2编第1页；或黄俊杰著：《农复会与台湾经验（1949－1979）》，台北：三民书局，1991年版，第106页。

都作了明确的规定。农会自此即由松散组织被导入农业发展体系，以从事农业技术指导为重要工作。日本政府进而对农会组织加强控制，将过去成立的农业组合归并改组成为12个厅农会，包括台北、宜兰、桃园、新竹、台中、南投、嘉义、台南、台东、花莲及澎湖等。1920－1926年改制为官民混合组织，此时农会功能以推广与经济事业并重。在1927年，配合地方行政区域调整，将农会合并改组，共设台北、新竹、台中、台南、高雄等五州及台东、花莲和澎湖等三厅农会，相当于现今的县市农会，采一级制组织结构。1937年12月，日本政府颁布《台湾农会令》，设立州、厅二级制农会，郡下设分会，会长由政府首长兼任，农会犹如官方机构。① 日据时期的农民组织，基本上可以归纳为两大系统：（1）农会系统。即农会、山林会、畜产会及渔会组织等；（2）产业组合（即合作社）系统。市街庄（即乡镇）信用、购买、贩卖、利用、仓库等产业组合及水利团体等；此外尚有分散于各甲（即村里）的农事小团体。②

根据台湾总督府公布的农业年报资料统计，1926年全台湾的农业联合团体计有31个，至1941年时已扩增到55个；同时各类单项农业团体在同一时期由1116个增至4270个，可见农业团体分布之广。

1943年台湾总督府公布《台湾农业会令》，并在隔年颁行《台湾农业会令施行细则》，除水利团体及渔业组织外，农会、畜产会、产业组合等合并而成为农业会，此时农业信用合作社亦并入农业会中，金融业务于是成为农会综合性业务之一，并将各地农事小团体列为农业会的乡村基层组织，而改称“农业协同组合”，于是原无街庄设施的农会系统和原无州厅（县）设施的产业组合系统乃合而为一，建立起农会省、县、乡三级体制。

这一时期的农会组织，其功能仅局限于日本殖民当局“御用”，其人员由州、厅指派，予以严密管理，并由地方警察配合，作为剥削榨取的工具。③ 不但经由农会，强制农民入会，强制征收会费，并且强制征

① 胡忠一：《日据时期台湾农会之研究》，《农民组织学刊》第1期，1996年6月；《日据时期台湾产业组合与农业会之研究》，《农民组织学刊》第2期，1997年6月。

② 郭敏学：《多目标功能的台湾农会》，台北：商务印书馆，1977年版。

③ Samuel P. S. Ho, Economic Development of Tai Wan, 1860－1970, Yale University Press, 1978年版，第63页。

粮收糖运回日本，以实现“农业台湾，工业日本”的殖民政策，完全无视台湾农民的福利。

（二）光复初期（1946－1952）

台湾于1945年10月光复之后，当局于1946年4月20日将农业会改称为农会；同年8月，将农会一分为二，即农会与合作社，原有经济及信用业务划归各级合作社经办，而农会则负责农业推广业务，但之后因出现农会与合作社彼此权限纷争，业务竞争，干部职务互兼，财产划分不清，旧有业务废弛等问题，1949年台湾省行政长官公署即公布“台湾省农会与合作社合并办法实施大纲”，再将二者合并成为目前综合形态的农会面貌。①

但是农会组织结构自日据时期遗留之后并未有任何改变，导致合并后在组织与业务上的问题重重，包括：（1）会员不限为农民，致使非农民会员把持农会权势和利益，与农会功能、宗旨相违背；（2）理事长独大，掌握农会人事与财务权；（3）大半农会严重亏损，业务停摆，形同破产。②“行政院”于是在1952年8月公布“改进台湾省各级农会暂行办法”，此改组方法对日后农会制度化运作影响很大，其中规定农会会员区分为二类：会员与赞助会员。会员必须认股并缴股金，将合作意识导入农会组织，规定凡从事农业所得占其个人收入二分之一以上者即为农会会员，有充分选举权及被选举权；其余则列为赞助会员而无选举权，被选举权亦受限制，农会组织运作自此开始走向民选方式，代替以往的官派模式，使之成为农民自有的农会。此外，为改进以往由会长或理事长一人独揽大权的弊病，一方面将农会组织内部的会务、供销、信用与推广等各部门权责清楚划分；另一方面又设立理监事会与总干事的制度，以农民选出农会代表，农会代表产生理事，理事会推选理事长，负责决策并选聘总干事，由总干事指挥及监督农会各部门的人事与业务，而理事会又受监事会所牵制监督。

总之，台湾光复后的农会组织，接收原日据时代各地农会的资源，

---

① 蔡宏进：《台湾农会组织结构及其功能之演变与启示》，《台湾农业》（双月刊）第30卷第5期，18－38页。

② 蔡宏进：《台湾农会组织结构及其功能之演变与启示》，《台湾农业》（双月刊）第30卷第5期，18－38页。

包括办公房屋与仓储设备等，并依照“农会法”改造以崭新形态出现，成为农民自己的组织，自行推选代表，建立完善的组织系统，针对农民需求，开展各项业务，将其所得盈余，以服务推广方式，回馈于农民。农民如有困难，亦居间代为协助解决，作为农民与当局之间的桥梁。50年代后陆续重新修正，使农会组织及营运管理日臻健全。

（三）农业成长时期（1953－1969）

农会在1953年改组之后，业务随着台湾经济成长而蒸蒸日上，尤其是信用部由初期的存款结余额仅12900万元，至1971年底已达603900万元。① 在当时逐渐引起财政主管部门的注意，并提出分割的提议，即主张将信用部由农会划出，另外成立独立的金融单位，归属各级财政机关直接单独管辖。后来由于农会的坚持，“行政院”乃于1972年5月18日通过“农会信用部改进方针”，使信用部仍维持在农会之下。

（四）“农业维持”时期（1970年以后）

20世纪60年代末期，台湾农业相对于工业发展，已经出现结构性衰退的征兆，加上1973年发生的国际性能源危机，当局于是在1974年实施稻谷保价收购制度，并于同年6月20日，公布施行新的“农会法”，其中将原有的股金制废除，农会亦自此脱离合作组织的特性，农会会员不再是农会的所有者，当局在1975年颁布“农会信用部管理办法”，确立信用部的事业主管机关为金融主管机关。不过，之后“农会法”也历经八度修订，直接影响农会的组织结构与功能，各次修订的主要内容如下：（1）1981年首度修订“农会法”，其目的在于健全农会组织，并扩增农会的合法业务和功能；（2）1985年的修正内容以与农会改选有关部分为重点；（3）1988年的修订内容旨在提高农会选聘人员素质，减少选举纠纷与加强农会业务功能；（4）1991年的修订内容主要在放宽总干事及聘雇人员参选其他公职的机会；（5）1994年第五度“农会法”修订，为促进基层经济发展，增订公司、行号、工厂得加入农会为赞助会员；（6）1999年第六度“农会法”修订（内容略）；（7）2000年再度修订，将原“中央”主管机关为“内政部”，修订为“行政院农业委员会”；（8）2001年修订内容，主要在“农会信用部管理办

① 杨明宪：《台湾农业的发展与农会变迁》，《农业与资源经济》，第2卷第1期。

法”中增订了许多原本散见于相关法规中或以行政命令规范的内容。

台湾光复后60余年来，历经“土地改革”、“经建计划”及各项“农业政策”的推行，农会生产和农村建设取得巨大成就。在此过程中农会起着关键作用，农会深入台湾基层社会，一直扮演着当局与农民间的桥梁角色。透过农会的组织架构，农会不仅推行“农业政策”，提供满足农业生产，农民生活与农村文化所需的各种服务，同时透过农会的教育训练，提高了农民的知识与技术水平。台湾当局则是透过农会推广农业技术，协助解决农民生产问题，配销肥料及农业资材，从事农业金融服务。

二、台湾渔会组织形态演变

台湾地区渔民组织，从早期渔民帮会、郊野寺庙集合及日据时期的渔业组合，到光复后台湾当局数次改组为渔会，至今共成立有省渔会1个单位，区渔会39个单位，会员人数近39万人（省渔会2006年数据）①。根据“渔会法”，渔会成立的宗旨为：“保障渔民权益，提高渔民知识技能，增加渔民收益，改善渔民生活、促进渔业现代化并谋其发展”，负有推动政策、倡导政令、改善渔民生活、落实渔村基础建设等重要任务，是一个具有政治、经济、社会、教育等多目标功能的渔民组织。长期以来，对渔业政策的推动，位居第一线的基层渔会扮演着相当重要的角色，且在不同经济发展阶段多能展现其功能，达成阶段性任务，在台湾渔业发展的历程上，有不可磨灭的影响力。

台湾的渔会成立已有70多年，其发展大致可分为以下4个阶段：

（一）日本占领时期

台湾屏东地区渔民为谋求渔民的共同利益，于1919年组织“渔业组合”，② 由于成效显著，于是其他地区渔民仿效也成立了这样的组织。在基层乡镇设立“渔业组合”，郡、州、厅（即县市）及府（省）设立“水产会”等两级制。1944年日本政府颁布《水产业团体法》将台湾辖有的“渔业组合”和“水产会”合并为“水产业会”。

---

① 台湾省渔会网站，http：//tpfa. etaiwanfish. com/。

② 余明村、游秀文：《新世纪“我国”渔会问题与展望》，《中国水产（台湾）》，2000//569，第45－54页。

（二）台湾光复初期

依据“渔会法”及“渔业合作法”的规定，将“水产业会”的技术指导部门改组为“渔会”，另将其经济部门改组为“渔业生产合作社”。国民党败退台湾后，为谋求职权的统一，将“渔会”和“渔业生产合作社”合并改组为“渔会”。1951 年又随行政区域的调整，再次改组，将“渔会”分为省、县、乡镇三级制①。

（三）全面改革时期

1954 年台湾省政府颁布“台湾省各级渔会改进办法”，1955 年实施渔会全面改革，同年 8 月完成。渔会由三级制改为二级制，即省设省渔会；在各地区设基层渔会，市渔会和区渔会，原有的县渔会取消。渔会会员资格分为甲、乙两类；并规定渔会会员代表理事、监事名额。

（四）两阶段合并时期

1975 年，台湾修正“渔会法”，渔会采取渔区制，并由台湾省主管机关会同有关部门全面勘察渔区，报请“中央主管机关”核定。依据台湾“内政部”1976 年公布的“台湾省区渔会合并方案”进行第一阶段合并。除省渔会外，将原有的 67 个市、区渔会及 1 个办事处合并为 41 个区渔会。1981 年，台湾各级渔会进行第二阶段合并，除省渔会外，将原有的 39 个区渔会合并为 35 个区渔会②。

---

① 郭文路、黄硕林：《我国台湾的渔会及其职能》，《中国渔业经济》，2001 年第 4 期。

② 郭文路、黄硕林：《我国台湾的渔会及其职能》，《中国渔业经济》，2001 年第 4 期。

第二章　台湾农渔会组织功能及其运作体系

第一节　台湾农渔会组织特点与功能

一、台湾农渔会组织特点

（一）台湾农会组织特点

台湾农会组织主要有以下特点：第一，分布广、参与面大。目前，在台湾各地都可以看到农会所属的超市、金融机构、办事处、会所等服务组织。据统计，台湾99%的农户都加入了农会。第二，机构完善、自治性强。台湾农会是农民的自治组织，机构较完善，总体运营清晰，透明度高，实行的是民主选举和管理，总干事由理事会聘任。第三，以农民为主体，推行以人为本的农业运行方式，强调农民素质的提高和技能的增强，突出人力资源的可持续发展和农业的循环发展。第四，功能强、作用大。台湾农会具有生产性（推动农业技术、农用物资及农产品运销）、生态性（监督环境）、经济性（办理储蓄、提供贷款）、社会性（社会救济）、政治性（协助选举）、生活性（组织对农妇培训）等职能，是集经济、政治、服务于一身的组织，涉及的领域较广，涵盖面大，不仅有培训、推广、供销，还包括金融服务、保险服务和农村文化、卫生、福利服务及农民政治地位和权益的保护等。第五，农会为公益社团法人，享有减免税、工商登记、信贷等方面优惠，会员分为正式会员和赞助会员两种，都要缴纳会费。

学术界有观点认为台湾农会是一个半官方组织，此种观点还应该进一步商榷。台湾的经济发展是一个过程，农会的发展也有自己的轨迹。农会是1900年农民自己组织起来的，当时的背景是台湾整个经济发展走向商品经济，也面临商业化问题，所以农产品的销售和技术推广资金的融合都面临问题。日本统治者一开始并没有注意这一问题，后来才发现农会组织的有用性，就对农会加以利用。当时台湾有很好的农业生产基地，所以要利用台湾，作为日本的粮食供应基地，这是一个需要；第二个需要就是利用农会来稳定民心，建立在台湾的永久统治。因为当时农民在台湾占主导地位，他们可以通过帮助农会，比如技术推广，把日本的技术引进来，还有其他一些优惠政策等等来发展农会，以此来巩固他们的殖民统治。国民党退台后，也没有取消农会，一是由于农会在台湾有五十年的历史了，有很大的势力；二是农会在整个台湾农业经济发展中的作用已经显现出来，并随着台湾经济的起飞而日益明显。

在大陆的失败使国民党吸取了教训，退台后进行土地改革。由于面临的是地方势力（最大的是地主势力），他们把土地政策和农民组织结合起来，一方面打击小地主，一方面组织普通的农户，这样在一打一拉中就把政权巩固了。国民党还特地请了美国的社会学家给台湾农会设计了一个很好的制度框架。理事会、监事会、总干事，三权鼎立。在这种情况下，农会一方面有民间性，另一方面是和台湾当局配合的。这种机制在当时有助于台湾当局管理社会，掌握大局，同时也有利于民间监督、参与。农会组织的积极作用是很明显的。

（二）农会组织的四大目标功能

农会组织功能是农会组织依据其结构系统而运作产生的行动内容和对环境对象的影响效力。它有政治、经济、教育、社会四大目标功能，有信用、供销、推广、保险四种业务，使得组织功能因不同的时期而有所偏重，从而呈现不同的农会组织功能含义。

功能之一：经济性。

台湾农会经过几十年的演变，现已成为从经济上扶持农民和农业，推动农村经济和社会文化事业发展为主要功能的农民社团组织。经济功能是台湾农会的主要功能，它体现在：办理产销计划保障农民合理利润；提供生产资材及日用品，降低生产成本及生活费用；办理农机械、加工、仓储及设施共同利用，农业资金促进农村金融融通；办理畜产保险预防危险并减少损失。农会通过其经济功能把私有化的一家一户的农业生产与商品经济社会的大市场连接起来，促进了农业生产，维护了农民利益，推动了农村社区的社会文化事业建设。因此，农会已成为台湾农村的一个重要的社区性组织。

功能之二：政治性。

台湾农会组织具有很强的政治性色彩。日据时期，经日本政府接收并加以整顿后，执行其殖民式的农业发展政策，榨取台湾农业资源。此时农会组织的政治性，是在于替日本政府执行官方的政策，而不在于维护农民的利益；① 光复后的农会组织，使农民享有自有、自治、自享的权力，农会成为当局与农民间的桥梁，协助当局贯彻农业政策、倡导政令并反映农民意愿，为农民争取农业补助，增加农村公共设施，保障农民利益与维护农民权益。

台湾农会的政治功能，在不同的历史时期又有着不同的意涵。

功能之三：教育性。

农会的教育性功能包括各种农事推广、成立辅导产销班，家政推广、成立家政改进班等，以此来提高农民的文化水平，对整个农业经济的发展有广泛的宣传和教育意义。

功能之四：社会性。

社会性功能是指农村合作及社会服务、农村文化、医疗卫生、福利及救济等工作。农会在 1987 年开始办理农民的健康保险，试办期间负担 10% 的保费。由于其保费来源是降低了各经济事业部门事业公积金，因而受到基层农会的反弹及有关单位的争议，结果“农民健康保险条例”公布后，农会就不再需要负担此项费用。事实上，农业保险包含作物的天然灾害保险、作物虫害保险、家禽家畜保险、农产品运输保险等，这些对于保障农业生产及安定农民生活都有相当重要的作用。

二、台湾渔会组织功能

渔业协会是一种重要的渔业中介组织，也是一种促进渔业自律化、产业化的重要管理形式。台湾渔业协会发展时间长，建立了系统的渔业协会法律法规，拥有完善的组织体系，并确立了经济、服务和金融三大职能。

---

① 涂照彦著，李明峻译：《日本帝国主义下的台湾》，台北：人间出版社，1991 年版。

（一）渔会组织特点

目前台湾的渔会分为3个等级，即“全国渔会”、省渔会直辖市渔会、区渔会。渔会的主管机关，在“中央”为台湾“内政部”、在省（市）为省（市）政府、在县（市）为县（市）政府。渔会所经营的业务受其主管机关的指导和监督。台湾的区一级渔会的设立是以渔区的划定为基础。在同一渔区中具有会员资格者满100人以上时，应设立区渔会。在同直辖市的辖区内有3个以上的区渔会时，应设立直辖市渔会。虽未满3个区渔会，但经台湾“内政部”批准后，也可设立省渔会或直辖市渔会。

渔会的设立，由发起人推选的筹备员组织筹备会，报请当地主管机关备案后“依法”组织。渔会筹备会以及成立会，均应报请主管机关派员指导、监督渔会应在成立大会后7天内，将章程、会员（代表）名册及理、监事简历报请主管机关审查并核发登记证书。

渔会的组织机关包括会员大会、理事会、监事会、理事长、常务监事和总干事等。区渔会在总干事以下分设会务、业务和财务各课，各课分设各股。省及直辖市渔会则在总干事以下设会务、业务及财务各组，各组分设各股。此外，区渔会还设有渔民小组，渔民小组依渔业类别或村、里行政区域而划定，其人数不得少于50人。

台湾渔会系“社团法人”。依照规定，要成为区渔会的会员，应满足以下条件：①本地公民；②年满21周岁；③居住在渔区内。台湾的渔会会员分为甲类会员和乙类会员。甲类会员须具有下列条件之一：远洋渔民、近海渔民、沿岸渔民、浅海养殖渔民、渔场养殖渔民和河沼渔民。乙类会员须具有下列条件之一：渔船主或渔场主、水产学校毕业或有渔业专著或发明而目前从事渔业改良推广工作者、兼业渔民（即不符合甲类会员资格，但也从事渔业的劳动者）①。

上级渔会以其下级渔会为会员。下级渔会参加上级渔会的代表，由该渔会会员（代表）选举，其名额由主管机关核定。下级渔会理事长为其上级渔会会员代表大会的代表。各级渔会会员代表中，应有2/3以上为甲类会员。会员代表任期为4年，可以连选连任。会员代表不得兼任

① 郭文路、黄硕林：《我国台湾的渔会及其职能》，《中国渔业经济》，2001年第4期。

渔民小组组长、副组长及渔会聘任的工作人员。

渔会由理事、监事分别组成理事会、监事会。理、监事由会员（代表）选举产生，各级渔会监事名额不得超过其理事名额的1/3。渔会设有候补理、监事，其名额不得超过其理、监事名额的1/2。渔会理、监事应有2/3以上为甲类会员。上级渔会理、监事不得兼任下级渔会的理、监事。渔会理、监事不得兼任渔会聘任的工作人员、渔民小组组长、副组长、鱼市场承销人或其他与渔会存在竞争的团体或企业的职务，也不得经营与渔会有竞争性的营利事业。

（二）渔会组织的三大职能

台湾渔会具有三大职能，即经济、服务和金融职能。

1. 经济职能。台湾渔会拥有最完整的渔产品运销体系，其经营范围包括渔产品加工、冷藏、调配、运销、进出口贸易等。例如台湾省渔会经营一个容纳拍卖场、冷藏库等多功能示范渔市场，其实施冷藏、拍卖、分货处理流水线作业，缩短了作业时间、保持了渔货新鲜，并有助于鱼价平稳，维护了渔业生产者与消费者的共同利益。除渔业生产、运销之外，台湾渔会还经营其他多种项目。如渔业生态休闲旅游，不仅迎合了城市人的休闲和绿色消费的趋势，而且也带动了地方经济繁荣，增加渔会和渔民的收入。

2. 服务职能。台湾渔会的服务职能主要包括两个方面：一是为渔民、渔船提供海难救助服务；二是提供科技、文化推广、培训，以及医疗卫生等服务。台湾渔会为了给渔船提供及时的安全服务，一般都设有报道鱼汛、渔业气象及渔船通讯业务的渔业广播电台及渔业电台。如台湾的基隆、高雄、新竹、东港、花莲、台中等区渔会均设立渔业通讯电台，并配置高功率的无线电话机及电报机、对讲机，以便随时收听海上船舶的求救信息，使遇难渔船能获得最迅速有效的帮助。而台湾渔会内部还设有渔民海难救助基金。此基金是在因海难事故而失踪、伤残或死亡的渔民在按规定获得当局救助之外，提供给受害者数额不等的救助金，或是为遇难渔民家属提供相应的福利，例如，为遇难渔民子女提供奖（助）学金等。①

① 郭文路、黄硕林：《我国台湾的渔会及其职能》，《中国渔业经济》，2001年第4期。

台湾渔会经常组织渔事研究班、“四健会”及其他组织以提供科技、文化推广和培训服务。渔事研究班是向渔民推广捕捞、养殖、加工等方面的技术，以及帮助渔民解决在渔业营销、生长等方面的难题。“四健会”是专门为渔民子弟提供与渔业相关的知识和技能的讲习班、或是联谊会等活动，其目的是培育未来渔业人才，使渔业能够持续发展。此外，台湾渔会还组织渔村文化产业推广、医疗卫生等活动，以及通过各种媒体，如电台、广播、杂志、报刊等向渔民推广渔业科技，宣传渔业文化。

3. 金融职能。台湾渔会内部设有信用部以执行金融职能。自高雄市小港区渔会于1918年设立信用部之后，其他渔会陆续设置信用部，目前台湾一半以上的渔会设立了信用部。渔会信用部是以服务渔民为主旨的非营利性金融机构，其向渔民发放贷款，并且提供渔会进行服务功能所需的部分资金，是渔会赖以存在发展的基础。然而渔会信用部的经营方式与普通银行不同，其无需渔民以动产或不动产作为抵押便可提供贷款。渔会信用部的经营方式适应了渔业资金需求的特点，即金额小、季节性高，以及无法像一般贷款一样每月分期还贷等特征。因而渔会信用部为作为弱势群体的渔民提供了一般金融机构所无法提供的服务，为渔业发展提供了重要的资金支持。2005年，台湾又设立了农业金库，它是由台湾当局行政部门与300多家农渔会共同出资设立的。农业金库的主要作用是辅助农渔会信用部的业务发展，办理政策性贷款，及农林渔牧融资等，其目的是提升农渔会信用部的信用和经营业绩，稳定农渔业金融秩序①。

此外，台湾渔会还具有其他的一些职能，例如渔会设有保险部，为渔船和渔民提供保险服务；接受当局委托办理的事项，如发放补助金；以及进行两岸渔业交流合作，处理两岸渔民海上纠纷等。

台湾渔会实现了在当局扶助下的渔民自主化，并进一步促进了渔业服务的社会化，是现代社会渔业管理的一种重要的组织形式。然而，近年来随着渔业生产、经营环境日益困难，台湾渔会经济事业难以发展，

① 《台湾成立农业金库改善农业金融秩序》，http：//www.shac.gov.cn/nyxw/gnxw/t2005 05 31/2006 04 -06。

有的甚至出现亏损。尤其是渔会的金融职能，由于受到金融自由化的直接冲击，本有的市场遭到其他金融机构的瓜分，因而日渐衰退。再加上渔会信用部经营规模普遍较小，且地处偏远的渔港、海边，所以业务发展有其天然的局限性。长期而言，确实难与一般金融机构竞争①。渔会经济和金融事业的困境直接导致了渔会财务状况的不佳，渔业财务状况的不景气反之又阻碍了渔会各项职能的发展。另外，由于渔会在台湾拥有广泛的影响力，它经常成为台湾各派政党竞选争夺的筹码，同时也不可避免地沦为政治斗争的牺牲品，曾一度面临被撤销的危险。②

第二节　台湾农渔会组织运作体系

一、农会组织的运作体系

（一）农会经费来源及使用方向

任何组织要生存和发展，稳定的经济支持是基础。台湾农会的经费来源主要是会员会费、事业资金、农业推广经费募集收入、农业金融机关盈余提拨收入、当局补助费、农会各项事业盈余及当局委托事业提拨收入等。会员会费分为入会费和常年会费两种，入会费于会员入会时一次缴纳，常年会费按年依会员（代表）大会决议报主管机关核定的标准缴纳，下级农会的常年会费收入的20%提交上级农会。农会金融事业、保险事业及推广事业的会计分别独立，并编造年度预算决算，报告会员（代表）大会及主管机关。

农会会员从农会兴办的各类事业中得到实惠。按照合作组织的规律性，农会为农民提供服务不以盈利而以帮助成员增加收益为目的。因此，农会的多数业务活动自身收益甚少。例如，农会的供销和推广事业都属于非盈利性的活动，供销部为农会提供的纯收入微不足道，主要是农民团体举办的160个农产品批发市场，1993年的纯利润为2.28亿新

---

① 谢明瑞：《台湾基层金融问题剖析与对策》，http：/2/w2wnpf. org. tw/PUBLICATION/FM/093/FM2R20932002. htm。

② 《正在丧失独立性的台湾——评台湾农渔民游行事件》，http：//www2. qglt. com. cn/wsmlt/wyzs/2002/11/24/112405. html。

台币，收益率为3.75%。① 而根据“农会法”规定，农会的总盈余至少要有62%用于农业推广方面，农业推广更是不提供收入。同时，农会还需要维持1.8万人的雇员队伍的开支。可见，农民团体既要保障自身的生存和发展，又要为农民提供服务并增强吸引力，它就必须有比较充足的经费来源。目前，支撑农会及其运销、推广等各项业务的主要经费来源，从农会自身看是信用部的收入。农会的信用事业，对于农会的维持和发展，对于吸引农民参与，对于开展和扩大各项服务活动，都具有不可忽视的作用。

农会的经费盈余按规定依下列比例来进行分配：1. “法定”公积金15%；2. 公益金5%；3. 农业推广、训练及文化、福利事业费，不得少于62%；4. 各级农会间有关推广、互助及训练经费8%；5. 理、监事及工作人员酬劳金，不得超过10%。②

（二）农会的人事制度

农会工作开展得如何，主要取决于农民的依赖和支持，而这种依赖和支持在很大程度上取决于员工队伍的素质优劣。为此，台湾农会十分重视人事管理，形成了一整套员工考试、聘任、辞退和工资奖励办法。

台湾农会的干部分为两类：一类由选举产生，是指省、县（市）、乡镇各级农会经会员（代表）大会选举产生的理事会理事和监事会监事。另一类为聘任制员工，包括总干事在内的业务工作人员实行聘任制。农会聘任制员工人数，由当局管理部门根据每个农会的经营情况确定。1993年台湾“三级”农会共雇佣18128人。③

农会总干事的人选直接关系到农会工作的好坏。总干事由当局主管部门审核推荐，农会理事会聘任。“各级”农会总干事年龄不得超过55岁。“农会”总干事的聘任，须经全体理事二分之一以上决议行之；其解聘须经全体理事三分之二以上决议行之。④

农会新进员工一律要进行统一考试，从及格人员中择优录用。初次

---

① 张强、胡登洲：《台湾的农会组织》，《中国农村经济》，1996年第3期。

② 张强、胡登洲：《台湾的农会组织》，《中国农村经济》，1996年第3期。

③ 张强、胡登洲：《台湾的农会组织》，《中国农村经济》，1996年第3期。

④ 刘钦泉：《台湾的“农会”发展与组织》，《西北农林科技大学学报（社会科学版）》，第1卷第6期。

担任农会工作的新进员工先试用3个月，试用期满成绩优良者予以正式聘任，试用期满品德不良或工作不利者予以解聘；不适应现任职务者重新调整职务。农会总干事不得聘雇其本人或现任理、监事三亲等以内血亲、姻亲为农会员工，各级主管不得有三亲等以内血亲、姻亲在其部门服务。农会员工的岗位、职务有严格划分，员工晋级提升都要进行考试。

农会设人事评议小组。总干事为召集人，指定各部门主管以上的5－7人组成，负责评议员工的聘任、薪点、解雇、考核、奖惩、升迁、退休、抚恤等事项。

农会统一制定了员工职务划分、聘雇资格及薪点的标准，并且有一套制度化的考核、评审、奖惩、任免办法。在员工的工资制度方面，台湾农会的一个显著特点是实行工资比分点制度，对每一级别的职员都规定了相应的起评标准。如A先生是一个高中毕业生，他有60点，每一点可得500元新台币，但同时其薪水还要根据他在农会前一年的表现而定，如果A先生在农会中干得出色，他能得到30000元（60×500）新台币，否则他将无法得到这么多薪水①。

二、渔会组织的权责划分

（一）渔会的等级制度

台湾渔会分为3个等级，即“全国渔会”、省（市）渔会和区渔会。各级渔会受其主管机关指导、监督。在“中央”一级，渔会的主管机关为“台湾内政部”。在省（市）为省（市）政府。在县（市）为县（市）政府。各级渔会既是独立的法人，可以独立地开展各项业务，又与上级或其他渔会之间互相配合，共同组成一个系统的组织网络。其中上、下级渔会之间为平等的法人关系，上级渔会不是基层渔会的领导者，而是为基层竭诚服务的联合会，同时可以指导下级渔会。

（二）权责分立制度

渔会有议事机构和执行机构之分。议事机构为渔会的权力部门，包括会员代表大会、理事会及监事会。其中会员代表大会是渔会的最高权

---

① 张强、胡登洲：《台湾的农会组织》，《中国农村经济》，1996年第3期。

力机构，并分为定期会议和临时会议两种，均由理事会召集，在会员代表大会休会期间，由理事会依据会员代表大会决议策划业务，由监事会负责业务及财务的监察。渔会的理事会和监事会分别由理事和监事组成，理、监事由会员（代表）选举产生，各级渔会监事名额不得超过其理事名额的三分之一。渔会理、监事不得兼任渔会聘任的工作人员，渔民小组组长、副组长、渔市场承销人或其他与渔会存在竞争的团体或企业的职务，也不得经营与渔会有竞争性的营利事业。渔会的执行机构是渔会的行政部门，总干事是渔会的行政主管，秉承理事会决议执行渔会任务并向理事会负责，且如果总干事在执行任务时，有违反法令、章程，以致损害渔会的情况，应负责相应赔偿。

（三）渔会经费制度

台湾渔会的经费主要来源于会员缴纳的费用、农业金融机构和“政府”机构给予的资金。渔会的经费在留足渔会的“法定”公积金和公益金后，主要用于渔会各项事业发展和渔会工作人员的薪金等支出项目。台湾“渔会法”对渔会经费的使用和管理作了详细规定，使渔会保证基于渔业发展和渔民利益更加合理地使用、分配经费。

虽然台湾渔会在组织体系方面发展较为成熟，但是目前也面临着渔业从业人员短缺，以及亟待提高渔会会员素质的问题。随着科技的进步，渔业捕捞能力大幅度提高，然而由于缺乏渔业资源养护观念，过度捕捞致使渔业资源枯竭，再加之日益严重的海洋环境污染，使得渔获量减少，渔业作业成本增加，生产收益降低。此外，海上工作环境也较为艰苦。这些原因致使台湾渔业人口流失严重，并面临渔工老化问题，渔业人员得不到及时更新，也没有新的力量和新的知识填充到渔会中。在现今知识经济时代，人力资源是渔会最大的宝藏，而缺少高素质的人力，就像人没有了新鲜血液一样，渔会便没有了生命。

第三章　台湾农渔会组织主要经营业务

第一节　台湾农渔会信用部业务

农信部是农会的最核心部分，是农村经济的血液，是农业产业延伸的纽带；农信部的利息收入，是农会的主要财政来源；农信部更是农民财产（包括农地、房屋、山林等）权利得以实现的金融保证。农民在农会贷款，以土地做抵押，土地估价 100，可贷款 90。现在，一般 1 甲地（15 亩）可以估价 1000 万台币，贷款 900 万台币。房产和山林都可以抵押贷款。土地和房产估价也是农会的职能。

台湾 200 多个基层农会都设有信用部，办理金融事业。而办理金融事业，则是台湾农会的一项极其重要的功能。农会信用部具有吸收农村游资、融通农业资金以及提取盈利充作推广、训练、文化及福利事业等功能。一向为农会盈余的最大来源，近年来约占农会盈余的 98% 以上。1994 年，台湾各农会信用部门的总收入高达 1057.9 亿元（新台币），总支出为 940.2 亿元，盈余达 117.7 亿元，平均每一农会信用部盈余 4143 万元。

本源意义上的农会信用部，是社会上中低收入者互通资金有无的平民金融机构，不但有余者与不足者可以互通有无，而且可望增加收入或减少支出。但是，其业务经营是封闭式的，只限于同一信用合作社农会会员间的交易，一旦发展到支票存款、非社员存款、中小企业放款乃至票券买卖，那就不单纯是一种互助性组织，而是一种银行了。就总体而言，台湾农会基层金融机构已经远离原来扮演的角色。依其现行的组织结构与功能，很容易出现经营危机，乃至变成金融风暴，对社会安定犹如一颗不定时炸弹。

渔会信用部情形亦如此。这里仅以农会信用部为例，来深入剖析其信用部的各项业务。首先了解有关信用的几个概念。

一、信用的理论基础

信用市场是把可贷资金的供给与需求结合在一起，要是没有信用市场，则储蓄与企业家创始感易于流失与浪费。信用制度的功能旨在克服资本主义经济或自由经济中由于生产要素私有权引起的困难。倘若没有信用制度，则生产要素所有权与企业创始感合而为一的机会一定非常小，以致生产无法进行，但是，经由信用制度，只有具备创业精神与能力的，才可以借得资金进而取得其所需的生产要素，以进行生产。

再作进一步的分析，可见信用既可增加消费者的信用，又可增加生产者的产出。现在且分析前者，为简便计，把消费期间简化为两期：0 期与 1 期，此二期间消费分别为 C_0 与 C_1，所得分别为 Y_0 与 Y_1。若在没有信用制度的经济中，这位消费者不会想到储蓄与借款，则每期消费等于当期所得，

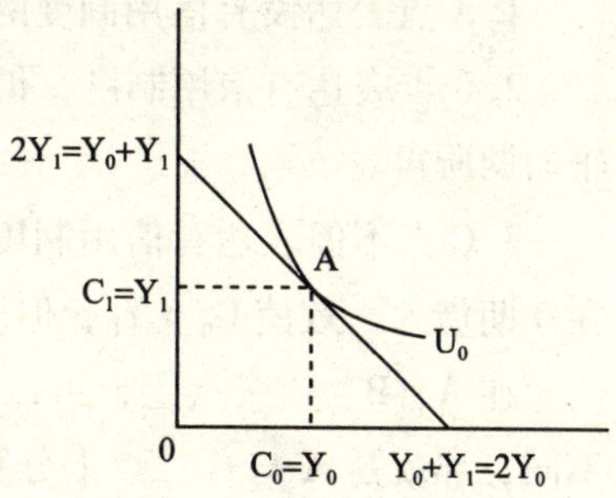

图 3.1

即 $C_0 = Y_0$，$C_1 = Y_1$。如果是在一静止社会中，每期所得相同，因而消费亦同，即 $C_0 = Y_0 = C_1 = Y_1$，如图 3.1 所示。在该图中，两期的预算为 $Y_0 + Y_1$，$Y_0 + Y_1$ 或 $2Y_0$，$2Y_1$ 无异曲线代表这两个期间的总效用。此时，消费者的效用函数如 U（C_0C_1）为求其总效用最大，即 Max. U = u（C_0C_1）

$$s.t.\ C_0 + C_1 = Y_0 + Y_1$$

但若在信用制度的社会里，情况就有些不同，因为只要有借贷，就必有利率，有利率会有当期值与现值或贴现值之分——即使物价水准不变。意即明年 100 元的价值，低于今年的 100 元，这是因为明年的 100 元等于今年的$\frac{100}{1+r}$元，只要 $r>0$，则明年的 100 元在价值上必然低于今年的 100 元。是以，为着继续假设两期所得实质相等，则 1 期所得 Y_1'，必然是等于 Y_1 的现值，即$\frac{Y_1'}{1+r} = Y_0$。

$$\text{Max. } U = u\ (C_0C_1)$$

$$\text{s. t. } C_0 + \frac{C_1}{1+r} = \frac{Y_0 + Y_1'}{1+r}$$

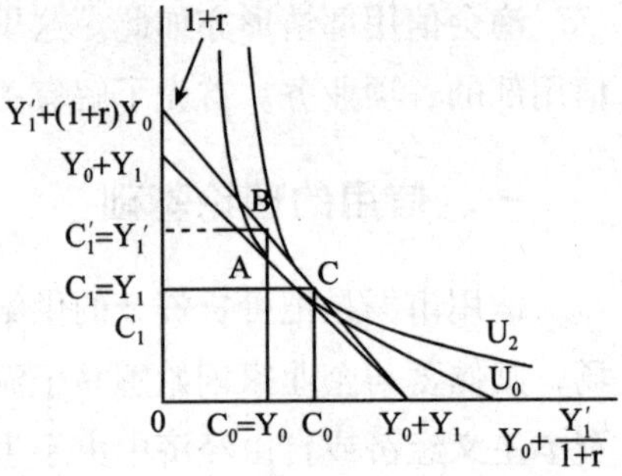

图 3.2

在图 3.1 的情况中，预算的斜率为1。在目前这事例里，情况有些不同，即这一事例中的预算线为 $Y_0 + \frac{Y_1'}{1+r}$，$Y_1' + (1+r)\ Y_0$，如图3.2所示，在该图中，亦把图3.1中情况合并表达。是以，图3.2是在表达三种情况：

1. A点表达没有信用制度的情况，每期消费等于当期所得。

2. B点表达有信用制度，但该消费者无借贷行为，以致每期消费等于当期所得。

3. C点不但表达有信用制度，而且表达该消费者有借贷行为——即在0期借入，致使 $C_0 > Y_0$，但于1期偿还，所以 $C_1 < Y_1'$。

在A、B、C三点上，可以很清楚地看出，其各别代表的效用有所不同，那就是A与C二点上分别切 U_0 与 U_2 无异曲线，但与B点相交的一定有另一条无异曲线，该曲线一定高于 U_0，但低于 U_2。易言之，信用制度消费者效用增加，而借贷行为更提高消费者效用。

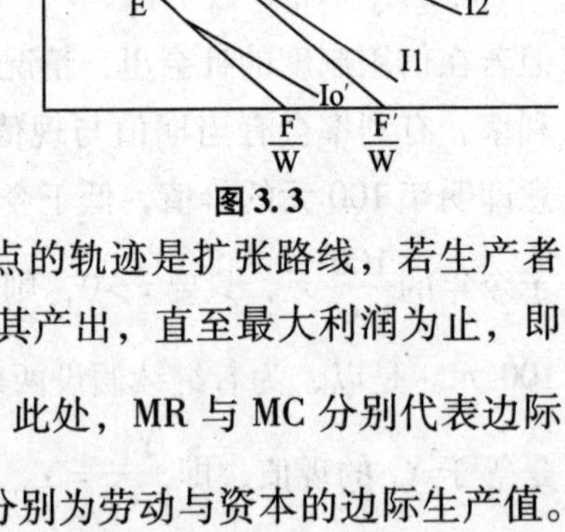

图 3.3

根据类似道理，在生产方面，亦会有信用制度与借贷行为而提高生产者的产出。以图3.3为例，当生产者有资金为F于一定工资率（W）为利率（r）下，该生产者的等成本线为F/r，F/w，切等量曲线Io′于E点。今若有信用制度，则该生产者可向外借得资金，使其资金变为F′，若w与r不变，则新均衡点为G点。此等均衡点的轨迹是扩张路线，若生产者可以易于借得资金，则可循此路线扩张其产出，直至最大利润为止，即MR = MC，或 $\frac{MVPl}{W} = \frac{MVPk}{r} = 1$ 时为止。此处，MR与MC分别代表边际利润与边际成本，而MVPk与MVPl则分别为劳动与资本的边际生产值。

尤须注意是指完全竞争场合。

二、农业信用制度的建立

台湾的农会均设置金融业务单位，系自1945年3月开始，因为当时受战事影响，农会业务大多陷入停顿状态。光复后，农会中的金融业务部门，并入乡镇信用合作社，农会信用制度遂告中断。1948年7月以后，农会信用部复告确立，但因农村经济尚未恢复，信用业务一时间尚难展开。到1951年5月23日，台湾当局颁布“乡镇区农会信用部办理业务范围”，1953年8月23日“行政院”采纳美国农业专家安德生氏建议，亦公布“改进台湾省各级农会暂行办法”，该办法规定农会办理供销、推广、信用等三种业务。此后，农会的信用制度始渐建立。在光复初期，由于农会信用会计制度未能维持独立而经营资金亦缺乏，农会财务情况发生亏损的情况有很多，1952年底约有1/3的农会亏损，至1955年时农会负债情形日趋严重①，主管机关鉴于农会信用部对农村经济的重要，“农复会”（即“中国农村复兴联合委员会”）乃于1956年1月协同“农林厅”、“财政厅”、台湾银行，就317个农会予以辅导。1957年春，“农复会”配合台湾土地银行、合作金库拨款一千万，推行《乡镇农会农贷示范计划》，其目的在方便地方基层农会能以生产贷款助农民，并借以改善、加强及扩大信用业务。

由于贷款计划办理颇有成效，农林厅遂即成立“示范农贷辅导小组”负责督导计划的执行，并由农会理事长、总干事及信用部主任组织贷款审核委员会，审核贷款案件。并由县政府、县农会、土地银行、合作金库、省农会、乡镇公所及农民代表组成咨询委员会。

此计划于1963年12月底告一段落，全部信用贷款中，如期归还者达91%，此证明农会信用部特别适合于担任基层农贷工作，在此种情况下，农会与农民之间逐渐建立了良好、密切的关系。

农会信用部自1962年承办统一农贷计划后，其经营管理已有显著改进，并已累积了巨额自由资本，奠定了稳固业务基础。调查报告显

---

① 谢锡联：《对农会信用部业务之探讨》，《台湾农业探索》，2000年第6期，第51页。

示，农民资金来源主要以农会信用部为主，占有50%之多①。1975年6月“农会法”修正，使农会办理会员金融业务取得明确的法律依据，并经“行政院”颁订“农会信用部管理办法”，将农会信用部纳入金融系统严格管理后，农会信用部在金融主管机关及各有关机关行库密切配合、全力辅导下，其业务又日趋发展（见表3.1）。

表3.1　历年台湾农会信用部存放款余额

单位：（新台币）元

年度	存款			放款		
	金额	指数	增加率（%）	金额	指数	增加率（%）
1964	2761057	100.0	—	2326088	100.0	—
1966	3274542	118.6	18.6	3113614	133.9	33.9
1971	6476390	234.6	116	5023274	215.9	82
1976	2017406	906.81	672.2	16473105	708.2	492.3
1977	34813000	1301.1	394.3	24264000	896.4	188.2

资料来源：“农发会”信用组。

农会信用部在农村办理信用业务，尚有若干困难问题有待设法解决，例如农会信用部存放比率，农会信用分部的设立与存款资金的应用等。目前农家在农业现代化及农业结构改进过程中，对资金的需求日益迫切，应如何设法解决农会信用部目前所遭遇的各种困难问题，以促进其业务进一步发展，为一重要课题。随着农会信用部业务日渐扩大，主要业务有以下几项。

（一）承办各种专业性贷款

农会信用部为配合当局的政策，接受当局与公营事业机构委托的各种贷款，如粮食局的放款、“农发会”的各种专业性贷款均通过农会信用部办理，“农发会”委由土地银行及合作金库办理的专案农贷，亦多通过农会转贷农民。此类专案贷款，其利率均较一般贷款为低，期限则较长，并可按农业生产季节性及借款人还款能力分期摊还。其对协助农家扩大农业投资，促进农业生产贡献巨大。

（二）融通农家一般农业生产及生活周转资金

截至1978年12月底农会信用部以本身资金贷放的一般性农业贷款共

① “农发会”信用组：1981年度农会信用部业务检讨报告。

102亿5300多万元，占其放款总额242亿6400万元的42.2%①，借款农民多将其用于短期性农业生产与副业生产以及生活必需费用；对于农家生产资金的融通、农业生产的促进，以及农家生活的改善，均收显著效果。

（三）吸收农村游资

至1978年底时，农会信用部存款总额共达348亿1300万元，其中赞助会员与共会员存款占5.9%，公库存款占8%，农民会员存款仅占36.1%②，而农会信用部放款总额242亿6400万元中农业放款所占比例达68%，足见农会信用部所吸收的农村游资大部分用于贷放给农民作为农业生产资金。

（四）信用部盈余已成为农会推广经费的主要来源

农会各部门每年年终盈余的60%均提拨为推广经费，在1964年时，信用部提拨盈余共278万元，仅占5.3%；到了1978年时，农会推广部共支出3亿5700万元，其中信用部盈余提拨1亿5500万元，占了43.4%③。足见近年来信用部盈余已成为农会推广经费的主要来源，使农业推广能够扩大举行。

三、农会信用部业务的发展

（一）一般信用业务

到1981年止，台湾地区设有信用部的农会共有280个，较1980年底增加3个单位（三芝、和平、仁爱）；信用部分共453个单位，总计733个单位④，遍布于农村各角落，吸收农村游资，办理会员放款，为农民取得生产及生活所需资金的最主要金融机构，对于调节农村金融，繁荣农村经济方面贡献甚大。

1. 存款方面

1981年底全体农会信用部存款共700亿零300万元，每一农会平均存款为2亿5000万，存款未达5000万者仅16个单位，存款超过5亿元

① 东吴大学国贸系：《经济成长中农业信用制度》，同心出版社，1979年版。
② 吴恪元：《农会的经济功能与社会功能》，台湾大学农学院，1982年版。
③ 谢锡联：《对农会信用部业务之探讨》，《台湾农业探索》，2000年第6期，第51页。
④ 谢锡联：《对农会信用部业务之探讨》，《台湾农业探索》，2000年第6期，第51页。

者有17个单位，存款最多者为高雄市农会的20亿3300万元，最少者为仁爱乡农会的500万元（见表3.2、3.3）。

表3.2 农会信用部与其他金融机构存款比较表

1981年12月31日　　　单位：（新台币）百万元

	存款			放款		
	1981年底	1980年底	增减（%）	1981年底	1980年底	增减（%）
农会信用部	70003	53192	+31.60	54424	41371	+31.55
一般银行	560719	474061	+18.28	693599	544650	+27.35
信用合作社	107433	89800	+19.64	79222	65331	+21.82

资料来源："中央银行"金融统计月报

表3.3 全体农会信用部存款比率情形统计表

（1981年度）

存放比率 / 农会数 / 存款平均余额	40%以下	40%－50%	50%－60%	60%－75%	75%－80%	80%－100%	100%以上	农会数合计	百分比（%）
5千万元以下	4	6	2	2		2		16	5.71
5千万元－1亿元	1	3	17	37	3	3		64	22.86
1亿元－2亿元		4	11	49	15	6	2	87	31.07
2亿元－3亿元	1	2	9	27	9	5		53	18.93
3亿元－4亿元		1	3	18	7	2		31	11.07
4亿元－5亿元				9	2	1		12	4.29
5亿元以上	1	2	1	12	1			17	6.07
农会数合计	7	18	43	154	37	19	2	280	100.00
百分比	2.50	6.43	15.36	55.0	15.21	6.79	0.71	100.00	

1981年底农会信用部存款总额中，正会员存款256亿8500万元，占36.7%；赞助会员存款377亿1600万元，占52.9%；公库存款66亿零200万元，占9.4%①（见表3.4）。

2. 放款方面

1981年底农会信用部放款共544亿2400万元，贷放于农业用途者共355亿8000万元；非农业用途者共188亿4400万元②，若与1980年

① 东吴大学国贸系：《经济成长中农业信用制度》，1979年版。

② "农发会"信用组：1981年度农会信用部业务检讨报告。

比较非农业用途放款的增加率，以农业用途放款之增为高，值得注意（表3.4）。

表3.4　全体农会（280家农会）信用部资金来源及用途情形比较表

1981年12月31日　　单位：（新台币）百万元

	1980年底余额	1979年底余额	增减（%）
资金来源			
存款：	70003	53192	+31.60
正会员存款	25685	19695	+30.41
赞助会员存款	37716	29140	+29.43
公库存款	6602	4357	+51.53
借入款：	10381	7067	+46.89
农业行库（一般贷款）	3515	2650	+32.64
政府及农业行库（专业贷款）	6866	4417	+55.44
“农发会”统一农贷基金	232	228	+1.75
会员权益	4984	3750	+32.91
统一农贷公积	1304	1196	+9.03
临时事业资金	50	60	-16.67
事业资金、公积及盈余	3630	2494	+45.55
其他负债	6373	3.921	+62.54
合计	91973	68158	+34.94
资金用途			
库存现金：	885	758	+16.75
存放行库：	29649	21930	+35.20
合作金库	20238	14717	+37.51
存款准备金	（4308）	（3367）	（+27.95）
一般存款	（15930）	（11350）	（+40.35）
土地银行	5703	4336	+31.53
农民银行	3536	2766	+27.84
其他银行	172	111	+54.95
放款：	54424	41371	+31.55
农业用途	35580	28844	+23.35
专业放款	（13882）	（10053）	（+38.09）
一般放款	（21698）	（18791）	（+15.47）
非农业用途	18844	12527	+50.43
内部透支	1538	1183	+30.01
固定资产	1253	870	+44.02
其他资产	4224	2046	+106.45
合计	91973	68158	+34.94

资料来源：“农发会”农民辅导处

（二）统一农贷办理情形

1981年一年间，270个承办农会贷放的统一农贷共有40亿7300万元，使统一农贷放款累计金额达350亿6100万元，借款农户数已达52万3000余户，则农会农民会员中，约有7成，曾经借用过统一农贷（见表3.5）。

1981年底承办农会统一农贷放款余额共达59亿零100万元，其中用于农场资本投资者，诸如购买或改良耕地、修建农场设备、购买农机等占72.7%，其余27.3%系用作生产周转资金及农家必需费用，对于鼓励农民增加农业长期投资方面，统一农贷已发挥很大效果。

统一农贷由于借户多能善加利用于增产，大部分放款均能按期收回。1981年底，统一农贷逾期放款仅占其放款余额的0.95%，收回率达99.05%。

表3.5 统一农贷计划贷放情形统计表

1981年12月31日　　单位：（新台币）千元

	贷放累计		贷放余额		逾期未还	逾期未还对贷放余额比率
	金额	比例（%）	金额	比例（%）		
1. 作物生产	2442438	6.97	336889	5.71	4990	1.48
2. 畜牧生产	3134505	8.94	358685	6.08	6164	1.72
3. 副业生产	2259812	6.44	346899	5.88	4178	1.20
4. 农机械	1894243	5.40	284296	4.82	2607	0.92
5. 购买及改良耕地	11369463	32.43	1742827	29.53	16055	0.92
6. 农场设备	9911145	28.27	2260541	38.31	15975	0.71
7. 生产用工资	781526	2.23	110386	1.87	1952	1.77
8. 农家生活必需费用	253922	0.72	84184	1.42	432	0.51
9. 其他	3014070	8.60	376415	6.38	3894	1.03
合计	35061124	100.00	5901122	100.00	56247	0.95
户数	523562		96311		3544	
（承办农会数）	270					

资料来源：“农发会”农民辅导处

1981年底各承办农会在统一农贷计划下累积的统一农贷公积已达13亿零400万元。各承办农会信用部每年自盈余提拨累积的其他各项公积亦达21亿9900万元，两项合计达35亿零300万元，则承办农会信用部每一单位平均自有资本已达1300万元，对承办农会财务条件的改善、贷放能力的加强及贷放资金成本的降低，贡献至大（见表3.4）。

（三）专案贷放办理情形

1981年底各农会信用部以本身资金配合当局、本会及农业行库资金贷放的各种专案贷款，除统一农贷外，尚有加速农村建设贷款14亿零300万元，农机贷款10亿9300万元，购买农地贷款10亿2500万元，发展农业基金贷款11亿5200万元，青年创业贷款7300万元，及其他特种作物、畜牧、养鱼业等专案贷款32亿3500万元，共79亿8100万元①。

（四）盈亏分析

1. 存放款成本

1981年度农会存放款成本为年息11.71%，较上年度年息增高1.76%，其中存款直接成本为年息7.13%，年息增高1.29%，存款间接成本为年息2.88%，年息增高0.46%，贷放间接成本为年息1.70%，增高0.01%②。

1981年度农会信用部存款直接成本大幅增高的原因，主要是由于1980年8月及1981年11月存款利率的两度提高所引起，存款间接成本增高的主要原因，则是由于农会用人费用及管理费用的增加所致（见表3.6、3.7）。

表3.6　农会信用部存放款成本比较表

单位：年息%

项目/年息/年度	存款成本			贷款成本	合计
	直接	间接	计		
1980年	5.84	2.42	8.26	1.69	9.95
1981年	7.13	2.88	10.01	1.70	11.71
增加	1.29	0.46	1.75	0.01	1.76

资料来源："农发会"农民辅导处

① 东吴大学国贸系：《经济成长中农业信用制度》，1979年版。
② 谢锡联：《对农会信用部业务之探讨》，第57页。

表 3.7　全体农会信用部 1980、1981 年度收支及损益情形比较表

单位：（新台币）百万元

	1981 年底		1980 年底		增减比例
	余额	占收入比例（%）	余额	占收入比例（%）	（%）
收入	9219	100.00	6452	100.00	+42.89
放款利息收入	6429	69.74	4515	69.98	+42.39
存储利息收入	2477	26.87	1714	26.57	+42.52
内部透支利息收入	188	2.04	126	1.95	+49.21
手续费收入	12	0.13	8	0.12	+50.00
其他收入	113	1.23	89	1.38	+26.97
支出	7984	86.60	5603	86.84	+42.50
存款利息支出	4446	48.23	2878	44.61	+54.48
借款利息支出	813	8.82	762	11.81	+6.69
业务费用	256	2.78	180	2.79	42.22
用人费用	1480	16.05	1015	15.73	+45.81
管理及会议费用	320	3.47	208	3.22	+53.85
呆账及整理支出	393	4.26	337	5.22	+16.62
其他支出	168	1.82	114	1.77	+47.37
决策前提拨统一农贷公积	108	1.17	109	1.69	-0.92
本期损益	1235	13.40	849	13.16	+45.47

2. 盈亏情形

1981 年度年终决算，280 个设有信用部的农会中，信用部盈余的 278 个单位，盈余金额共 12 亿 3024 万元，较上年度增加 3 亿 8684 万元，增幅 45.5%；信用部亏损的 2 个单位（鹿港、仁爱），较上年度增加 1 个单位，亏损金额 240 万元，较上年度增加 162 万元。

1981 年度决算，全体农会信用部盈余提拨 1982 年度农会推广经费金额共达 4 亿 2900 万元，较上年度增加 1 亿 3700 万元，增幅 47.2%，对于 1982 年度台湾农业推广工作的推展，助益很大（见表 3.8）。

表3.8　全部农会信用部盈亏处理情形比较表

（280家农会）　　单位：（新台币）千元

	1980年	1979年	增减比率（%）
盈余处理情形	1237242	850394	+45.49
事业公积	493465	339601	+45.31
果菜公司投资基金	——	——	——
弥补信用部累积亏损	——	——	——
弥补供销部和保险部亏损	28366	24649	+15.08
已分配	715401	486144	+47.16
A. 法定公积及公益金	214612	145853	+47.14
B. 推广经费	429340	291688	+47.19
C. 理、监事及职员酬劳金	71449	48603	+47.01

四、对农会信用部现状的探讨

（一）农会信用部对赞助会员放款比率有逐年增加的趋势

1981年底农会信用部放款总额544亿2400万元（不包括内部透支）中，对会员放款占61%，对赞助会员放款占39%。而农会信用部存款总额634亿零100万元（不包括公库存款中）。其中，会员存款占40%，赞助会员及非会员存款占60%①，足见农会信用部在农村吸收的资金，多用于贷放农民会员作为农业生产及生活必需费用，对于促进农业生产及安定农村社会方面颇有贡献。

近三年来，农会信用部对赞助会员放款比率有逐年增加的趋势，经各有关机关会商，由“财政部”于1982年11月规定，农会信用部对其赞助会员的放款总额，在直辖市及省县辖市农会信用部不得超过赞助会员存额的75%；在乡镇地区农会信用部不得超过赞助会员存款总额的80%，以资限制。但事实上各农会并未严格执行。

（二）农会信用部人事管理

1981年度农会信用部用人费用共达14亿8000万元，较上年度增加4亿6500万元，增幅45.8%，此增加率较同年度信用部营业收入的增加

① 谢锡联：《对农会信用部业务之探讨》，第58页。

率42.9%高出2.9%，并高于上年度的用人费增加率（43.4%）①，似乎应对现行农会人事管理办法有关员额设置标准，用人费提拨比率及支用状况，再作深入的研究分析，以合理调整农会员工待遇标准。

（三）农会各项费用大部分由信用部负担

现行“农会财务处理办法”规定，农会会议费用及综合管理费用（包括总干事、会务、会计、推广人员的用人费及不归属各事业部门的管理费）分别编入供销及信用部预算，原则上此项费用由供销、信用两部平均分担。1982年度设有信用部的280个农会，支出的用人费共20亿8000万元，其中由信用部支出的占70.9%，供销部支出的占27.9%，家畜保险部支出的占1.2%。会议、管理费用共4亿2900万元，其中由信用部支出的占74.8%，供销部支出的占24.7%，家畜保险部支出的占0.5%。而各基层农会员工数信用部占39%，供销部占26%，家畜保险部占2%，推广部占13%，管理部门占20%②，显示农会大部分会议费用及综合管理费用系由信用部负担。

（四）“农会法”规定各事业部门会计应分别独立

“农会法”所列农会经济事业、金融事业、保险事业及农业推广事业的会计应分别独立的规定，据“内政部”解释应依现行“农会财务管理办法”办理会计事务。今后农会除现有各事业部门外，似应研究另行设置管理部的可行性，每年由各事业部门按其收益比率向管理部提拨综合管理费用及会议费用，并限制各部门资金相互流用，以期符合农会法各事业部门会计分别独立的规定及促进各事业部门的企业化经营。

五、剖析信用部金融风暴之源

从上述数据不难发现，随着台湾社会经济结构的急剧变化，农业部门的产值所占比重的大幅度下降，农业基层金融机构的存放款业务，不但没有下降反而上升，说明其资金的运动已经远离农业部门了。最近台湾基层农会金融风暴一波未平，一波又起，除了部分是因谣言引起外，其中的一个重要原因，就是农会基层金融“超贷”现象严重。农会出现

① 吴恪元：《农会的经济功能与社会功能》，《土地银行季刊》，1981年第3期。

② 谢锡联：《对农会信用部业务之探讨》，第58页。

严重超额贷款固然与农会总干事大权在握、权力无限制扩大、又缺乏有效监督有一定关系，但在很大程度上，是因为受暂时的“股市热”“房地产热”的引诱，资金大量投向这些有利可图领域，一旦“股市”“房市”急剧降温，自然就会严重影响资金的流动性和安全性，引发挤兑性质的金融风暴。

长期以来，在一个以农业为主体的社会中，台湾农会在服务农民、发展农业生产、繁荣农村经济等方面，有着不可磨灭的贡献，农会信用部曾经吸收着天文数字的存款，也就被视为藏富于民的具体表现。但曾几何时，台湾基层农会的角色功能，却因社会经济结构的变迁，即从农业社会向工业社会转变，也发生局部性的功能扭曲。与乡村工业化相联系的乡村城市化的结果，使得农业的两个基本要素，即劳力和农地，都由于城市化需求而产生由农业向非农业流动的现象，农业部门的资金透过各种管道流入非农业部门，造成部门间的资金倾斜分配，使得先天具有弱质产业属性的农业部门的发展，越来越困难，农会在业务经营方面或组织功能方面，不但没有强化反而弱化了农业的基础。同时由于农会成员中赞助会员的增加（即非从事农业生产经营的会员的增加，约占总会员数的2/5)，使得农会原有的性质发生了局部性的变化，渐渐扭曲了农会的功能。乡村城市化所带来的这些问题，不但使城市型农会受到影响，许多乡村型农会也受到波及。

近年来，台湾工商业活动已经逐渐地由城市向农村延伸，促进着农村的城市化，使得农会信用部业务在不同区域形成两种截然不同的特点：一类是城市化区域，另一类是乡村化区域。城市化区域，工厂林立、商业繁荣、公寓住宅集中，资金和各种产品流通频繁，农会信用业务方式已转变为商业性金融。乡村化区域，因交通不便，农民以较低价格出售产品，又以较高价格购进所需产品，其生产力水平处于较低状态，从而影响农会信用业务的发展。农会信用部存款不是供应农民需要，产品供销业务出现亏损，无法支付农业推广业务的费用，因而陷入困境。台湾各级农会事业盈余，主要来源于金融事业，基层农会信用部盈余最多的前10名，均为大都市边缘的农会，或简称都市型农会。其人口密集，存款额大，赞助金额多，在存放款业务中赚取较多手续费及利息差额，相对地其正会员（即从事农业生产经营的会员）数量较少，农业推广、教育、训练费用支出相对较少，盈余较多，与乡村型农会形成鲜明的对比。

为了解决台湾农会信用部可能出现的金融风暴或金融危机，台湾的理论工作者和实际工作者认为，似可以考虑采取以下的对策：一、恢复农会基层金融机构原有的平民金融机构面貌。这是最理想的方案。因为在一个财富所得分配不均的社会，真正的平民金融机构若能发挥扶危济困的功能，对促进社会安定大有裨益。但是，在一个工商业占很大比重的社会里，要实现这个目标，并使其保持旺盛的生命力，难度是相当大的，甚至可以说是不可能的；二、把农会基层金融机构，按一定条件改制成合乎最低规模标准的银行。台湾当局1993年12月颁布的“信用合作社法”虽然已经使信用合作经营银行“合法化”，但由于未能根据“银行法”精神令其改造成股份有限公司组织，以至老问题依然存在，很容易酿成全面性的金融风暴；三、撤销或合并不健全的基层金融机构。由于台湾农会掌握着地方上很重要的资源，故很受各方面的重视。在内部选举与外部选举时，地方派系纷纷介入农会，企图达到方便掌握地方资源的目的。当前台湾各地农会，鲜有无派系介入与存在的情况，严重者在农会选举期间会表现出剧烈斗争和冲突，甚至动起干戈。其斗争的焦点集中在握有无限权力的农会总干事的选举上，致使农会组织难以正常运行。由于台湾基层农会信用部与地方派系共生已久，难免会有政治力量介入，其经营欠佳已不是当局辅导所能改善的，故应采取断然措施加以解决，才不至于成为金融风暴之源。

问题的实质在于，固然农会供销部、信用部、推广部、保险部的运作，均与会员的权益息息相关，但信用部与之的关系倍加密切。因为农会的盈余98%来自于信用部。信用部经营效益好坏，直接关系到供销、推广、保险业务的进行。这是当前威胁台湾农会正常运作的关键所在，所以引起人们的重视。在金融多元化和自由化压力下，农会信用部必然面临剧烈的竞争，其收入的减少是完全可以预见的。由于农民贷款项目多而零碎，手续成本高，有时又要求长期低利，与一般金融贷款相比较，农会信用部显然处于不利的地位。同时，农会信用部受地区性限制，地区间无法相互调节资金，加上农业生产具有季节性的变动，资金供求有淡旺季之分，使得农会信用部经营较之一般金融机构困难得多。

在当前金融自由化，包括金融机构之间原有业务分工破除的环境下，农会信用部是否会摆脱农业的樊笼，发展成为地区性的金融机构，是值得重新讨论的问题。目前偏重信用事业的状况，加上来自金融市场的竞争压力，为了争得自身的生存条件，这种转换并非全无可能。从信用业的角度看，要求分离和独立的问题，是由来已久的问题，也曾经成为台湾财政部门的一种构想。但是，一旦信用业分离、独立出来，台湾农会的其他业务也就无法单独存在并发挥作用。因而在不改变农会功能前提下，展开这种讨论并不切合实际。可是同样的问题，反复拿出来讨论，正说明信用事业和其他事业（包括经济事业）在性质上是不同的。如果说台湾农会，尤其农会信用部正处在变革的十字路口，这一点也不过分。延续长达数十年的那种农会只要依靠吸收存款，就能保证其经营的稳定性的时代，即将宣告结束。从演变的趋势看，台湾农会信用部本身的自我保护都会有困难，更谈不上有多大的能力分担其他部门的赤字。台湾农会信用部业务如何保持盈余的经营所面临的挑战，标志着台湾农会的经营开始走下坡路了。

实际上，伴随着我国大陆工业化、城市化程度的提高，我国大陆农村信用社也面临着问题，存在着如何进行改革与调整的问题。为了适应我国大陆城乡一体化发展的要求，经国务院批准，中国人民银行决定选择部分经济较为发达（尤其工商业较发达）的县（市）进行组建农村合作银行的试点。据有关方面信息，这几年来，大陆已有不少县（市）实行城乡经济一体化发展，农业产业所占比重较小。这些县（市）的农村信用社对农业的贷款已经很少，这些农村信用社实际上已演变成为小商业银行。为了使这类农村信用社增强防范金融风险能力，同时更好地支持城乡一体化经济的发展，国务院近日决定把已经商业化的农村信用社，经过清产核资和整顿后，合并组建农村合作银行。新组建的农村合作银行的性质是股份制的商业银行，与城市合作银行一样，必须按《商业银行法》的要求设立，将主要为农业、农产品加工及农村其他各类企业服务。

第二节　农渔会组织的经营事业

一、农会组织经营的其他业务

台湾农会经过几十年的演变，现已成为从经济上扶持农民和农业，推动农村经济和社会文化事业为主要功能的农民社团组织。农会在台湾农业发展中有着举足轻重的地位。农会通过信用、供销和保险、农业推广等业务，把私有化的一家一户的农业生产与商品经济社会的大市场连接起来，促进了农业生产，维护了农民利益。除了上节谈到的信用业务外，农会组织还经营其他金融事业。

（一）开展农村供销业务

1. 供销业务功能

农会的供销事业包括资材供应，农产品运销、加工以及代办委托业务等。在资材供应方面，农会对会员所需之肥料、种子、种苗、种畜以及其他生产资材，皆尽可能为会员与相关农业试验改良单位联系，以取得最优良、最便利的资材供应服务。同时，三级农会联合投资设置农化厂，“省农会”设置饲料厂，主要提供给会员价廉质优的各种农药及饲料。并且农会设立超级市场，以供应会员各种价廉物美的日常生活必需品，以及各种农特产品服务会员。截至 1997 年 10 月，台湾地区共有 85 家农会超市，其中虽然有部分超市由于种种原因转让或关闭，但仍在经营的还有 70 多家，覆盖了岛内的大部分地区，直接销售由农会组织、农民生产的农产品。①

农产品运销包括毛猪、家禽、果菜共同运销，以及农产品批发事业。毛猪运销由三级农会合作，设置台湾省各级农会毛猪产销互助基金，形成坚实的共同运销团体，市场采用计算机作业拍卖，充分增加市场运作的机能。农会是农产品批发市场的主要供应人之一。1994 年，农会运销毛猪 414 万头，占市场交易量的 62.8%。② 果菜共同运销以组织

---

① 郑崇阳：《台湾农会运销组织的发展、困境及因应之道》，《亚太经济》，2002 年第 1 期。

② 张强、胡登洲：《台湾的农会组织》，《中国农村经济》，1996 年第 3 期。

共同产销班来从事计划产销，并配合各种农产品批发市场，以保护生产者利益，建立运销秩序，形成合理价格，促进公平交易。在台北批发市场上，由农会运销的蔬菜占53%，水果占49.5%，花卉占71.6%。[①] 各级农会均普遍设有食品加工厂，开发具地方特色的精致农产品；同时食品加工旨在调节季节性产量问题，提升农产品利用及附加价值，农会并配合有关方面技术及资金的支持，选择适合于小型加工厂的项目，辅导农民或农会自行从事小型食品加工。

2000年1月，在岛内争议多年的"农业发展条例"修正案终于获得通过，第四章对农产运销、价格及贸易做出了专门规定，其中对农产运销影响较大的内容是：设置平准基金，平议农产品物价；对农产品共同供销、运销，免征印花税及营业税；原料分区采购；"政府"协调，建立良好的外销秩序；设置救助基金，避免进口冲击以及其他农产品进口保护措施，为农产品的运销做出了相关规定。

经过半个世纪的经营，农会的基层运销组织开始逐步形成了规范化的网络。基层农会运销组织总的组织流程应该是："发起组织—召集开会（取得共识）—选举干部—订立产销目标—设股投资—市场分析—生产规划—建立良好会计制度"。[②] 由于集中运输、集中销售（如超市）等现代运销方式需要的高成本、高投入，这些方式不是简单几家农户或几个产销班的能力可以达到的，更多的是以当地甚至跨区域的农会出面组织、投入，实际是农产品生产在商业领域的延伸，实行的是现代的商业企业经营模式。

2. 供销部经营绩效及变迁

台湾基层农会供销部所经营的业务与农业生产、农民生活以及农村建设与发展息息相关。

经营绩效以一般物价指数调整为1981年现值（见表3.9，括号内数字为绝对值）。

基层农会供销业务经营绩效，近年来越来越不理想，许多农会亏损情形严重，业务经营处于一种不稳定状态，就以表中所列年份为例，台

---

① 张强、胡登洲：《台湾的农会组织》，《中国农村经济》，1996年第3期。

② 郑崇阳：《台湾农会运销组织的发展、困境及因应之道》，《亚太经济》，2002年第1期。

湾地区全部农会供销业务经营情形，在1972年前每年都亏损，自1973年起至1980年这8年间，除1975年外，每年均有盈余，但从1981年后，又转盈为亏。

表3.9　历年台湾地区农会供销部业务经营绩效

单位：（新台币）元

年份	经营绩效①	年份	经营绩效
1967	-606525 （-206153）	1975	-36592191 （-22478583）
1968	-600717 （-210251）	1976	52543311 （33165338）
1969	-30791185 （-88201618）	1977	115763965 （75923622）
1970	-70679760 （-25345762）	1978	190691693 （128068466）
1971	-55995402 （-20645505）	1979	142026438 （108579259）
1972	-50327023 （-18852503）	1980	98547324 （91570174）
1973	23891262 （10997148）	1981	-25341702
1974	27706612 17928949	1982	-47379030 （-47000000）

资料来源：根据台湾地区农会业务统计年报计算。

若仅就基层农会信用部业务经营绩效的变迁分析，1972年时平均每个农会亏损91502元，折合1981年币值为244206元；到1977年则平均盈余141211元，折合1982年币值为217683元；然而到1981年平均又亏损175288元。此种现象与全部农会供销部经营总亏损情形是完全一致的。

3. 供销部业务所面临的困境

（1）人事

农会是由农民自动组织并服务农民的机构，其服务人员必须对农民

---

① 陈昭郎：《台湾地区农会经营绩效与环境关联性之研究》，《台湾银行季刊》，1986年37卷1期。

生活感兴趣，受农民欢迎，并竭诚地为农民解决各种问题，须具有崇高的理想、丰富的业务知识以及为社会谋福利的积极态度。

台湾各乡镇农会供销部门人事中最为显著的事实是教育水平极低，58%以上的职员，仅受小学教育，有过职业教育者，高、初级合计只及16%；更不论受过专科以上教育者，仅占0.5%而已。① 因此，当前农会供销部最主要的任务，是要训练具有企业能力与服务热诚的优秀人员为乡镇农会工作，逐步加强其业务水平。

农会供销部门职员服务农会的年限，以2－5年者占多数，达总数的53%，5－10年的占25.9%。这一数据一方面表示农会的人事较为稳定，但另一方面也表示新进人才想获得服务农会的门槛也较高。

（2）业务经营

①自营业务

台湾各农会供销部门的自营业务，分为供给、运销、公用三项。供给业务包括日用必需品及生产上所需原料工具的供应，由于此类业务大部分农会都有举办，所以应该视作农会自营业务中最重要的一环。其中的问题是各农会的供给物品种类甚少，并且都摆在不显眼之处，除少数农会能做到保持物品的新鲜美观外，大多数均让其满是尘埃，好似久无人问津。因此，此类业务大都亏损无疑，是为改进与加强之处。运销业务亦为各农会重要业务之一，但亏损情况也甚为严重。运销产品中，以毛猪为大宗，据称此项业务颇受农民欢迎，少数农会也兼办家畜市场管理及稻米运销业务。公用事业除仓库及碾米加工的经营，其余如运输等业务，均不占农会业务经营的重要地位。

供销业务是台湾农会最重要的业务，其服务人员比其他部门要多，在理论上，应该有一套精密的事业发展计划，对农民的生产与生活发挥决定性的作用。此类业务本该有广阔市场的，但事实却并非如此。分析其根源，即农会的经营方针并未估计会员的需要，而会员购买物品与运销产品，也不一定与其自有农会进行交易，农会与会员仅有组织方面的名义，却没有事业方面的联系。于是，最为重要的供销业务成为一种无奈的点缀。

① 郭敏学：《台湾农会发展轨迹》，台湾：商务印书馆，1984年版，第33页。

②委托业务

委托业务是农会本身业务之外的附带业务。目的是为方便农民生产与生活的需要，利用工作人员服务农民的余暇，在对农会与会员均有益的前提下，择要举办数种服务。但从目前各农会委托业务的经营状况来看，有如下几种不正常情况：a. 本末倒置。各农会以 80% 的时间与设备，经办委托业务，自营业务被束之高阁，甚至有许多农会完全不设自营业务，而专办委托业务，据调查，各农会所经营的自营业务只有 9 种，而委托业务则达 30 种，平均每农会自营业务设 6 项，而委托业务则达 10 项（其中委托业务中肥料换谷这一项已成为各乡镇农会的中心业务，并且在农会工作最繁忙时期进行，几乎全部人员，昼夜从事）；b. 目的不明确。举办委托业务的目的，大多农会并不是为了满足农民生产与生活需要，而仅仅为了手续费收入。其他如代售水泥，及经销专卖局烟酒等，均与农民需要漠不相关，并且许多农会必需物品寥若晨星，而烟酒两项则堆积如山；c. 运作不规范。委托业务的种类、数量、手续费的多少以及经办程序并不是由农会自动或双方协议决定，而是被动地由委托机关单方面规定后交付农会签约执行，合约文字不得自行改动，因为委托者为了减少自身业务的成本，忽视农会的经办开支，致使农会忙碌整年后，反而招致亏损；d. 各农会经办业务，虽然约有 30% 的农会招致亏损，但其手续费的收入，仍是维持农会存在的主要财源之一。其中以台南各农会委托业务收入所占百分比为最高，可达 96% 以上。①

（3）主要困难

农会供销业务面临的主要困难，主要有捐税过重、委托业务手续费过低，流动资金缺乏、仓库容量不足、商人竞争激烈、业务经营困难、人才缺乏、碾米设备不足、毛猪运费过高、委托业务手续费过繁、运输困难等。

（二）开展农业技术推广服务

1. 推广教育功能

台湾农会的农业推广，包括农事推广教育、“四健”教育、家政推广教育三部分。

---

① 郭敏学：《台湾农会发展轨迹》，台湾：商务印书馆，1984 年版，第 37 页。

农事推广教育以成年农民为主要对象，其任务是增进农民知识、技能与新观念，着重是有关生产技术、经营管理、市场行销各方面的教育与辅导。[①] 农会组织辅导农民生产技术、示范栽培、产销调配外，并经常办理各项研习会，同时也配合大专院校农业推广委员会及农业改良场、试验所等专家，协助农民各项咨询服务工作，台湾耕地面积狭小，农会于是配合有关方面计划，辅导会员组织共同经营班及各种产销班，使农地、劳力、资金、资材互相支持，并扩大产销单元，提升农民竞争力。同时为了配合农会环境与社会的变迁，农会协助有关方面推动休闲农业的发展以及农民第二专长训练与专业辅导，以促进农业多元化发展并调节农业人才资源。

“四健”推广教育包括“四健会”推广教育及农村青年创业辅导两部分。“四健会”教育以 9 – 24 岁的农村青少年为对象，鼓励会员培养从工作中学习生活；使其手脑并用，身心俱健，以培育未来优秀人才及农村领导干部。农村青年创业辅导计划每年开设各专业训练班，对受有专业训练的农村创业青年继续予以经营辅导，并配合各种产销计划贷给低利长期资金，以协助有志于从农青年专业的发展。同时对于“农会”会员子弟有志于从农者，保送其进入各高级农业职业学校农场经营科深造。

农会家政推广教育工作为组织农家妇女以强化家庭功能，增进家庭经济管理、改善农家生活环境，提升农村生活品质。农会成立家政研究班，从事家庭改善、营养卫生、绿化美化、亲子教育、生涯规划以及各种技术研习等教育活动，对于农村家庭生活与品质的提升助益颇多。

农会的推广活动基本是公益性的无偿服务，所以很受会员的欢迎。推广事业的经费主要来自于两个方面：一个是农会的赢利，“农会法”规定农会盈余的62%必须用于推广；二是农、政部门的农业推广事业补助费。

2. 推广经营绩效及变迁

以推广教育工作绩效一项为例。表 3.10 显示 1972 年时参与农业推

① 贺军伟：《颇具特色的台湾农会》，《陕西水利》，2002 年第 3 期。

广组织的农业人口仅占2.6%,① 参与率极低。此后参与推广组织的比率有逐渐提高的趋势，到1977年达6.8%。随后两年又略有降低，到了1980年达最高点8.2%。然而从1981年开始又下降，由于全省农业人口呈逐年缓慢减少现象，所以农业推广教育组织参与率的提高，可能部分是受农业人口减少的结果。参与推广教育组织人数的增加显然是农会农业推广成效的具体表现。

表3.10　1972－1982年农会推广工作成效

年份	农业人口数（人）	参与推广教育组织人数（人）	参与率（%）
1972	6165000	161479	2.6
1973	6050000	292158	4.8
1974	5978000	172345	2.9
1975	5729000	192312	3.4
1976	5702000	209714	3.7
1977	5675000	385677	6.8
1978	5716000	270032	4.7
1979	5699000	309223	5.4
1980	5307000	435534	8.2
1981	5022000	373673	7.4
1982	4909000	342383	7.0

资料来源：根据1983年台湾省农业统计手册计算。

3. 推广事业面临的困境

台湾各农会农业推广部门工作，包括生产指导及文化福利两大项目。前者是推广农业技术，增加农业生产；后者是为增进农民福利，提高文化水平，这理应是“农会法”赋予农会的正常业务。但因主管机关重视生产利益，极力加强农会的推广事业；而农会负责人却重视商业利益，热衷于供销及信用事业的推行。因此便形成了官方认为推广事业是农会重要工作而农会认为推广事业是其累赘的一对矛盾。

其实早在日据时期，在台湾的经济计划中就曾致力于农业增产并且

① 陈昭郎：《台湾地区农会经营绩效与环境关联性之研究》，《人与社会》，第8卷第2期。

农业推广是为乡村工作的中心。时至今日，台湾的农民业已养成对于新式农业技术的认识，因而渴望农业技术的改良，并希望获得改良后的利益。可见，台湾农会若能在当局协助辅导下，在生产指导与文化福利事业方面努力，工作阻力会相应减少，同时也容易获得农民的信赖。

考察台湾农会在推广事业方面所面临的问题，分述如次：

（1）人事

推广部门职员较其他三部门，人数最少，仅占职员总数的18.2%，平均每农会2.9人（包括农林厅补助每乡镇农会的生产指导员一人在内），但就学历与服务年限来讲，却有截然不同的结果，即推广部门职员中，高级农校毕业者占50.4%，初级占18.4%，受大学教育者占2.4%。其服务年限为2－5及1－2年，合计占82.3%①。因此农会推广部服务人员具有如下显著特点：

其一，若干具有长期服务经验者，其教育程度颇低，缺乏科学技术及农业知识，难以适应时代发展的需要；

其二，新进的服务人员教育水平稍高，但又缺乏服务经验；

其三，具有较高教育水平与高深农事技术的人才，却又不愿屈就乡镇农会工作，而学历较低的农会负责人，亦不愿延揽曾受较高教育水平的人才。

无论如何，鼓励年轻而勤奋的青年加入农会工作，确为工作的重点。推广部门的服务人员，已经显露出这种新旧交替的端倪，只是由于农会负责人对于推广事业的忽视，以及推广经费的困难，致使若干指导人员总被指定担任农会其他部门的营业工作。

（2）业务经营

各农会生产指导事业举办最多的活动项目，为农作物及家畜病虫害防除，其次为农作物增产与自给肥料奖励、家畜改良与推广等，共计18项。文化福利事业举办多的是庆祝农民节及书报架的设置等，共计8项。但这些活动多数受有关机关的补助或合作，很少是农会自动举办的，例如：生产指导事业中举办最多的是农作物病虫害防除，如稻谷、蔬菜、果树、烟草、黄麻、甘薯等，系由农林厅主持；又如甘蔗病虫

① 郭敏学：《台湾农会发展轨迹》，台湾：商务印书馆，1984年版，第43页。

害，系由台湾糖业公司主持，配给 DDT、鱼藤粉及格兰纳散（Granasan）等杀虫药剂，经由各农会分配施用；文化福利事业中举办最多的是庆祝农民节，由当局规定办理，而且若干农会负责人认为生产指导与文化福利工作是当局的事情，农会不过是代当局分劳而已。各农会经营生产指导及文化福利的项目，虽然繁多，但具体到每个农会平均经营的项数，生产指导事业为 5.1 项，文化福利为 3.2 项，以屏东各农会经营项目最多，台北及嘉义两县最少。① 至于最受农民欢迎的项目，生产指导事业以农作物及家畜病虫害防除为首，文化福利则以农村青年及妇女工作指导为首。

(3) 主要困难

各农会对于推广事业，提出若干困难问题：缺乏周转资金、技术人员不足、缺乏药品器械、农民知识浅陋、缺乏交通工具——脚踏车、缺乏参考书籍，农事小组不健全等。

（三）因应之策

综上各农会业务经营最感困难的问题，是缺乏周转资金，以致供销业务及信用业务，乃至推广事业，均不能顺利推行。究其原因，有的说当局捐税太重，使农会不能获得资本累积；有的说金融机关借款利率过高，使业务经营在支付利息之后无利可图；有的说委托业务手续费太低，以致其收入不足以维持经办开支；有的说外部竞争激烈，如商业银行及普通商店林立，致使农会业务不能很好的发展等等。上述原因不管直接或者间接阻碍农会业务的发展，都只是一部分的理由，只是外部因素。真正的原因，即内因是农会负责人自身对其所经营的业务“四无”（无计划、无信心、无目标、无热忱），并缺乏积极主动的精神。

历史悠久的农会组织，其建筑与设备的宏伟，在世界上“首屈一指”。但其业务经营，前途却不容乐观。其实，就农会所经营的业务种类而言，不是不多，而是始终没有形成一种制度。构成业务制度的特点，首先在于独立自存。目前的农会，似乎仅为举办粮食局或其他委托机关的业务而存在。设想一旦粮食局的方针改变，将一切业务委托私人承办，恐怕 80% 以上的农会都将无法维持。因此，各农会业务经营最重

① 张乃旦：《台湾农会组织》，《台湾农业探索》，1997 年第 2 期。

要的努力目标，不是争取委托业务的经办，也不是呼吁争取委托业务经办手续费，而是设法争取自身业务的独立自存，进一步使农会成为促进农村建设与发展农村经济的基础，增加农民收益与改善农民生活的桥梁，借以显示其存在的价值。

二、渔会的业务概况及经营事业

（一）业务概况

渔会以保障渔民权益，提高渔民知识、技能，增加渔民生产收益，改善渔民生活，促进渔业现代化并谋其发展为宗旨。因此，该会以台湾地区渔民为服务对象，配合经济建设规划渔业整体发展，并辅导 39 个区渔会的经营发展，举凡渔业辅导管理、渔事技术、“四健”、家政改进推广、渔航安全设施、渔业资金融通、渔船渔民海难救助，以及渔民生活改善、渔业保险等有关事项，随时与各区渔会密切取得联系、沟通协调办理。遇有渔会不能解决的问题，则反映给主管机关或协调有关单位寻求解决。多年来在台湾当局的大力辅导下，均能自给自足发展会务，配合时代脉动，适应地区渔业特性，把握重点辅导方向，积极服务渔民，完成肩负任务。

“渔会法”赋予渔会的 19 条任务中，都以配合台湾当局政策，满足渔民需要及服务渔民为依归。目前渔会经营事业项目有经济事业、服务事业及金融事业等三大部门，没有信用部，经营事业只有经济事业及服务事业两大部门。

（二）主要经营事业

1. 经济事业

（1）经营三重示范鱼市场：渔会三重示范鱼市场自 1981 年 7 月开办，基地面积共 6000 坪，拍卖场、冷藏库等主要建筑面积 7000 平方米，场地宽敞、设备完善，实施拍卖、分货处理一贯作业，缩短作业时间，保持鱼介鲜度，调节供销，确保鱼价平稳，维护生产者与消费者双方利益。

（2）与各区渔会策略联盟办理生鲜鱼货或加工渔产品网络行销，俾协助渔民开辟鱼货行销管道，促销鱼货、增加渔民收益。

（3）与台北、台中、嘉义等三个市政府共同投资经营台北渔产运销公司、台中鱼市场股份有限公司及嘉义鱼市场股份有限公司，办理渔产品之收购、运销、鱼货批发等事项。

（4）与各区渔会办理渔业生态休闲旅游，一方面将渔村、渔港等优美的景观介绍给民众了解，让居住在城市的居民亦能体验渔村生活；一方面带动地方经济繁荣，一方面增加渔会及渔民收入、提高生活水平。

2. 服务事业

（1）渔民、渔船海难救助服务

①渔民海难救助基金：渔民因海难事故死亡、失踪、伤残除得按一般规定向当局申领“灾难救助金”及“保险给付”外，本项基金并发给死亡、失踪者35万元，残废者17万5000元并办理遭难子女奖助学金。

②为鼓励渔民发挥互助精神，俾于海上接获渔船之求救信息或接受渔会调派前往救助，由渔民海难救助金予奖励或补偿其损失。

③渔业通讯渔船航行安全服务：辅导基隆、高雄、新竹、苏澳、东港、澎湖、绿岛、花莲、台中等区渔会设立渔业通讯电台，配置高功率的无线电话机及电报机、对讲机；随时收听海上船舶的求救信息，使遇难渔船能获得最迅速有效的支持，及海上通联服务、鱼市场行情、渔业气象等信息。

（2）渔业推广

配合养殖渔业区、沿近海养殖区、箱网养殖、组织渔事班、辅导组织运作，培养渔村推广工作基干。现各渔会均已成立推广组织编制，并选拔优秀青年渔民，分别组成渔事研究班、“四健”作业班、家事改进班，实施专业教育。

①渔事研究班

定期举行班会，并透过渔事班，指导渔民渔业经营、渔业资源保育利用、渔产品行销及箱网养殖职能。研究渔捞、养殖、加工作业技能，并经常举办渔业讲习观摩、示范教学、定期与不定期巡回教育及年度咨询讲习座谈，传授新科技知识和解决渔民疑难问题。

②“四健”作业组织

参加“四健”编组成员，均为9－24岁渔村青少年。为培育未来渔业人才与健康民众，经常实施作业组织讲习、礼仪规范以及渔技专业训练，并举办各项联谊、野外露营、经验发表等活动，落实（工作中学习的）教育哲学与精益求精的精神，及手、脑、身、心并用习惯。

③家政推广教育工作

筹组家政班，加强家庭生活教育，强化渔村家庭功能，评估渔民健康或营养状况，辅导建立健康的生活方式，辅导高龄者成立自主性组织，充实高龄者生活内涵，加强宣导环保教育净美化渔村，辅导渔村妇女发展副业改善家庭生活。

④渔村产业文化推广

发展渔村产业文化，传承其既存文化特色，凝聚渔民社区意识，重建渔村伦理秩序，借由文化活动建立当地渔产特色、促进产业之发展，并筹设渔业文化馆，展示渔村文物借以发扬地方文化。

⑤实施电化教育

搜集国内外渔技、渔法、渔具新颖资料，编印各种渔业教材并择要制成电影、电视及幻灯教材，轮流在各渔村放映，扩大教学效果。

⑥发行杂志及专刊

台湾省渔会及各区渔会定期发行渔友月刊与各区渔讯等刊物，专门介绍渔业技术、渔业政策、渔业动态及传达渔业预警信号，免费分送渔业各阶层人员参阅，普及推广教学用。

（3）融通渔业资金服务

①设置渔会互助基金

为使各区渔会能健全发展，充分发挥组织功能，各渔会在年度决算盈余项下，提拨百分之二作为互助金，提缴本会统一保管，并成立互助审议小组。组织规模较小或财务困难的渔会，遇有紧急需要或兴办推广、服务、经济事业时，可提出申请，经审议小组审定后给予补助或无息贷款，以发挥互助精神。

②生产建设基金循环运用

为协助经济条件较差渔会创办各项事业，特由渔会筹设渔会生产建设基金，以低利贷放给需要的渔会，作为生产建设之用，到期收回循环运用，以促进各区渔会均衡发展。

（4）其他服务

①办理新进人员或升等人员考试服务

各级渔会新进人员或在职人员升等，依法由本会办理对外公开或对内员工升级考试，成绩公布后，考试及格人员由各区渔会自行聘用，以提高工作人员素质。

②办理当局委办事项服务

如补助渔用盐包装运杂费及渔船信号弹等计划，由渔会统筹拨付补助款交由申请渔民的所属渔会转发，减轻渔民负担。

③反映民情、调解纠纷，协助解决渔业困难问题及办理两岸渔业交流与处理两岸渔民海上纠纷等事项。

第三节　二林镇农会——打造休闲农园

一、颇具特色的台湾休闲农业

近年来，迅速发展的台湾休闲农业突破传统农业的范围，以岛内各地的自然、文史资源，以特有的乡村生产、景观，融合旅游、餐饮等综合经营，为人们提供了观光、休闲的好去处。休闲农业是综合利用当地资源，由农业延伸至服务业的新产业。如：有台湾谷仓之称的彰化，原来工商业发展相对缓慢，他们就另辟门路，计划在南部开辟花卉园区发展花卉产业。云林从沿海到山区分别作出不同的安排，在山区规划观光旅游，中部以科技园区及高校为主，发挥智能带动作用，沿海利用湿地，规划生态休闲旅游。对跨县界的自然资源，则共同开发，变竞争为合作，相互沟通，合理分工，避免雷同。如高雄市、高雄县与屏东三地，就科技园的重点达成默契：屏东科技园区以发展农业生物科技为主，而其他“两高”则分别侧重医药生物和电子技术。就农业而言，考虑的重点是依靠生物科技，提升名优产品的品质，完善产销体系特别是资讯体系，打通世界贸易的信道，从传统农业积极向休闲农业转型。

此外，台湾农业主管部门还推动了“一乡镇一休闲农渔区”和利用占全岛面积1/2以上的森林资源，积极发展生态旅游，筹建步道，与民宿、观光园林结合，进一步推进农业加快转型。

休闲农业涉及多资源利用与管理，关系到生产、生态、生活，是跨部门、跨行业的综合产业。台湾有关“条例”规定，休闲农业由农业行政部门负责规划和辅导，县市按规定可同意申请筹建休闲农场，检查合格后再由农业主管部门核发休闲农场许可登记证并使用注册标章。

发挥农会、农业推广学会等群众组织的作用，帮助农民转型。如台北市农会成立辅导小组，按照“一乡镇一休闲农渔区计划”，研究台北市20家市民农园转为休闲农场的可能性。台湾省农业策略联盟发展协会和台北市农会联合开展农业休闲旅游，还与全省100多家休闲农场结盟，推销优惠休闲游。经营休闲农业者也成立休闲农业发展协会，相互交流举办共同活动，使休闲农业走向精细的专业化分工。

发展休闲农业一定要保护生态环境和自然景观。休闲农业，顾名思义离不开农业。但仅有农业而无美好的自然环境和景观也就无法成为休闲农业。因此环境是首要的条件。在规划设置休闲农业时，应以不得妨碍农村自然生态、田园景观为前提。

台湾地区公布的“休闲农业辅导管理办法”，列出规划休闲农业区的条件，除了具有农业生产和农村文化资源外，必须要有“丰富之田园及自然景观”和一定的面积（属于非都市土地的面积在50－300公顷之间，属于都市土地的在10－100公顷之间）。休闲农场可分设“农业经营体验区及游客休憩区”。“农业经营体验区”作为“农业经营与体验自然景观、生态维护、生态教育之用”；在区域内只能“搭建无固定基础之临时性与农业生产有关”的建筑物。休闲农场面积在3公顷以上的非山坡地或10公顷以上的山坡地，除可设立农业经营体验区外，还可设置游客休憩区，但面积限制在农场总面积的10%范围内。休闲农场的设施应符合经营休闲农业的目的，以“无碍自然文化景观为原则”，建筑物的高度不得超过10.5米，不超过三层，对住宿设施、建筑物设计等均有规定。这些限制都是尽量避免人为因素对自然环境景观造成的负面影响，使休闲农场有一个美好宁静的田园景色，使游客摆脱城市喧嚣，身心安宁，融入自然。因此规划休闲农业，生态环境自然美是首要考虑的因素。

恰到好处地开发当地文史资源，提升知名度。文化和观光结合是开发休闲观光事业的源泉。休闲农业结合文史资源才有丰富的内涵，这样才能提升知名度，而且做到经久不衰。

充分利用当地文史资源和民俗艺术，如草织、藤编、雕刻、手工艺品、地方舞蹈、戏剧、音乐和古迹史话、传说，将过去和现实结合在一起，提升休闲农业的品位。如屏东结合民族风情、传统文化和农渔特产，在不同季节开展不同特色的旅游，推行农业休闲观光活动。在宜兰将农业休闲、海上休闲和文化结合，举办节庆活动，使休闲和生活、产业相联结，更具活力。目前，宜兰的童玩节，花莲的石雕节，屏东的黑鲔鱼节，苗栗的木雕节都有一定的知名度。

各地的名胜特产带动休闲农业使其各具特色。没有特色就没有竞争力。依靠当地自然环境、资源条件、农渔特产，构建不同特色的休闲农业，是发展休闲农业的关键。名胜古迹和名优特产已具有一定的知名度，是无形资产，与之结合，可以提高休闲农业的社会排名。

特产和特色观光相结合，推动休闲农业、休闲渔业。屏东垦丁地处恒春半岛南端，是有名的风景区，春季又是黑鲔鱼回游垦丁外海的季节。结合休闲渔业，这里每年举行黑鲔鱼文化观光为主的春游，展销黑鲔鱼、油鱼子等海鲜产品。屏东还结合农产品收获期，将农业特产如黑珍珠、香蕉、凤梨，融入一年四季的观光计划中，带动观光和休闲产业的发展。台东特产的旗鱼，能加工成多种食品，台东县计划将产业、观光、餐饮、民宿等业者结合起来，举办旗鱼节，推动发展休闲渔业。

借游览胜地统一品牌，促进农产品外销。嘉义以阿里山带动周围山区营造观光环境，同时辅导农业向休闲农业发展，以降低入世后的冲击。嘉义地处北回归线，宜于产茶，但优质茶名称不一，有梅山茶、竹畸茶、番路茶等等，为了创品牌、保质量、促外销，嘉义借用“阿里山”这三个字的无形资产，把这个地方产的茶统称为阿里山高山茶，并与航空公司联合，提供给头等舱客人，以此来提高身价开拓外销。

着力打造、发展农舍民宿，规划步行小道。民宿是拓宽休闲农业服务的方式之一。发展观光民宿一方面可满足休闲客在农村度假休息的要求，另一方面向游客提供住宿、餐饮、文化等服务，增加在农村的消费，有助于农民致富和农业转型。

农舍民宿和宾馆旅店不同，主要是在民居农宅住宿。自然简朴，舒适宁静，使来客置身于农村田园风光之中，品尝农家饭菜，了解乡野趣事，感受家庭的温馨和农家乐，这是沟通城市居民和农民的桥梁，有很好的发展前景。2000 年台湾省有关部门公布了“民宿管理办法”，规范民宿经营。由一般农舍办民宿需要适当改建，增添消防安全设备，农民必须先投入，增加了经营风险。2003 年初，台湾农业策略联盟发展协会还推出 8 家民宿办音乐餐，希望休闲客在音乐声中享受农村的乐趣。音乐选用当地传统的音乐资源和大自然的流水风声，鸟鸣虫叫，与远方来客共享。

远足旅行，亲近自然，了解生态，了解农村社会生活，避免快节奏、噪声和污染，有益健康，休闲农业的发展得到岛内社会的重视。台湾森林面积占其总面积的58%，林业资源非常丰富，农业部门发展休闲农业，利用山区护林打猎小路，串联名胜古迹，如抗日战场、抗荷遗址、文化古寺；特别生态环境如候鸟保护区、休闲农场、观光果园、农宅民宿等，供人们休闲远足健身之用。步道将分散的村落、休闲产业、民宿和自然文化景观联成网络，可以向休闲客提供度假、住宿、餐饮等整套服务，对带动休闲产业非常有利。步道不完全设在林区，在农区可利用乡间小路、田埂渠旁，规划小道，这样既可保持农村环境又可使城市来客散步田野，悠然自得。

二、彰化县二林镇农会休闲农业体验

（一）二林镇农会特色及愿景

在台湾农业史上，二林镇占有独特而重要的位置，虽是偏僻的乡镇，却是农民运动萌发的绿洲。“风头水尾的农人，生存就在与天争、与地搏!”① 不认输的性格，造就出与地贫不相等的富庶经济，使二林向来是台湾小农形态中罕见的大宗、高经济农产地区。台湾加入 WTO 后，农业走到十字路口，但除了农业前途的挑战外，二林镇农会同时致力于台湾农运溯源工程，如发动民间募款，辟设二林农运步道，重现 1925 年蔗农事件、上世纪 80 年代葡农运动到 5·20 农民大游行等农运大事记，希望透过历史脚印让后人了解台湾农民的辛酸与精神。该农会的愿景是：创新一个幸福的农业环境，成为社区民众的首选朋友。坚持以热忱、积极、礼貌、效率的态度“做对的事情，也把事情做对”。Do the Good! Do the Best!

（二）二林镇农会“三宝”

二林镇农会有三宝：荞麦、薏仁和葡萄。尤其是葡萄，为这块浊水

① 二林镇农会网站，http://www.rlfa.org.tw/html/Compu.html。

溪冲积扇创造出亿万财富。在鼎盛时期更为台湾赢得“台湾酒香”的美名；然而随着外贸压力进逼，以及“公卖局”考虑收购成本高，葡萄契作历经葡农抗争依旧无力回天。终止收购葡萄后，二林栽种酿酒葡萄面积急遽减少，但传统不忘鼓动人们持续前进，如今二林再从民间酒庄出发，200 公顷的酿酒葡萄栽种面积中分布有 20 多家酒庄，是全台合法民间酒庄密度最高的地区。

（三）“我不是在二林就是在去二林的路上”

忙碌的现代人利用晴朗的假日时常安排结合健康、休闲与知识性的旅游。素有“台湾酒乡”之称的二林，处处都有令人惊艳的发现，在单车专用道上骑车赏景，大波斯菊、金黄油菜花占满道路两侧，美不胜收；品尝地道小吃、创意美食及到各园区参观教学，在气候宜人的春天，铁马恣意游，尽揽田野风光。

1. 酒国英雄——酒庄酿酒 DIY

①农村酒庄：于自家果园的酿酒葡萄采收后，把握四小时的黄金时间立即压榨酿造。

②观光果园：一年四季都有高品质的水果产季，非常适合大人与小朋友一起来体验采果的乐趣。

③大桥牌越光米：计算机不只会挑土豆也会挑米！二林利用机器严选的顶级越光米，粒粒晶莹剔透饱满，口感媲美日本新舄越光米。

2. 乡间小鹿——贴切小鹿，寓教于乐

鹿世界观光牧场为彰化县二林镇养鹿产销第一班班长，也是 2003 年神农奖得主廖彬兴先生所经营的鹿观光牧场。牧场位于著名文武庙“醒灵宫”北侧，占地 2000 余坪，饲养北美麋鹿、新西兰红鹿、英格兰红麋鹿、美国梅花鹿、台湾梅花鹿、台湾水鹿等各类鹿种 300 余头，所有鹿只的选种、交配、生产、育成等过程均经详细记录，尤其场主对人工授精的研究，目前已有相当成果，可供学校师生学习及参观。

3. 老街巡礼

①武德殿：于日据时期在“分室”（日据时代分局名称）内庭建造，占地约 100 坪（1 坪约合 3.3 平方米）左右，距今大约已有 80 年以上，目前外观仍完好如初，保存最完整，现为警察分局办公室。

②仁和宫：建于清康熙 60 年（1721 年），距今 280 余年，为三进式

传统建筑，雕梁画栋，古色古香。宫内现存古物有嘉庆二十年（1815年）重修之对联及石碑二方，对其地名沿革及风俗民情皆能从碑文了解，极具历史参考价值，1985年被“内政部”评为台湾三级古迹。

4. 隧隧平安——荞麦面DIY，寻找农村古早味

①东螺溪休闲农场：经由地方文化协会之改造，目前融合网室有机蔬果、亲子戏水池、河道划竹筏、自行车运动道、教育讲习、草药专区、生态解说等，是一个多功能的农场，还可以吃到老一辈农民所称“割稻仔饭”，风味及情境将游人拉回到以前农忙、农村乐的景致中。

②绿色隧道：长约1.2公里的木麻黄隧道已超过50年历史，木麻黄除树性强健、耐旱、耐盐、抗风外，还是昔日海口防风林的典型景观。

③彰化监狱：收容人配合二林休闲产业特色，聘请学有专精的民俗技艺教师授课，针对即将失传的手工艺品作扎根及传承工作，建立自销品牌并进行手工艺品的展售。

5. 东螺溪生态休闲农场

石埤农园的经营构想起始于1998年，那时候这个地方除了养鹅人家外，就是溪岸堆满建筑与垃圾的环境，2002年农会工作人员招集了一群爱好大自然与文化工作者的好朋友，一起利用假日投入垦殖与重建环境景观生态农园的工作。这里的园区是利用当地的农村景观自然资源，同时结合农村生活文化与节气活动，建构的一处附有乡下原味的农园。其内涵包含了教育性、社会性、文化性与医疗性等功能；让参与的人在体验中获得舒适爽块与田园乐趣的满足。

6. 连发自动化育苗场

占地一公顷的连发自动化育苗场，负责人谢福居有鉴于土拔苗已不符合市场需求，且自动化栽培管理可降低成本，因此于1999年投入穴盘苗生产，并申请纳入辅导，应用自动化设备育苗。蔬菜育苗作业自动化的研发是以提高蔬菜质量、规划产量及减少劳力为主要目的，目前穴盘育苗方式已为农民所接受。同时穴盘苗的需求日增，目前自动化播种系统已完成改良软质穴盘自动排盘与积盘的应用，不必以人工排放穴盘播种作业及积盘搬运，可减少操作人员80%的工作量，大幅提升工作效率，并示范推广工作供农民参考应用，降低育苗成本，该场朝向专业化企业化经营，生产种苗，提供给农民栽培应用，嘉惠农民，提高收益。

7. 生产休憩园区

本园区主要以果树产销第一班为主导，目前该班为吉园圃认证及全台第一个通过ISO9002认证的产销班，所生产的金钻葡萄、金钻梨、红龙果、巨峰葡萄等在生产过程中都经过严格的把关，不论是外观、甜度、大小、色泽及采后处理等都符合吉园圃认证和ISO9002认证的规定。生产休憩园区紧邻二林溪畔，设有多处步道、凉亭及坐椅，还现场使用传统水车，是民众享受自然最佳的地方，也是学生户外教学最佳场所。

8. 原生植物生态园区

目前二林镇辅导的原生植物产销班培育的台湾原生植物物种多达300种，种类分布台湾各地，相信对于复育台湾原有生态系统有相当的贡献。根据整理的植栽资料，目前复育的种类分为：红树林系列、滨海定砂地被系列、防风耐旱植物系列。台湾原生乔木、灌木植物共约84科、100属、360种，其中大家熟悉的种类如蜜源、食草植物如大安水蓑衣、马兜铃、马蹄花、兰屿山马茶，提供给甲虫、锹形虫、萤火虫、蜻蜓、蝴蝶等昆虫赖以维生的环境，建立多样性的昆虫生态区，对于复育台湾原生植物有相当的贡献。

目前该产销班除了复育台湾原生植物外，也将配合学术单位将保育复育的观念往下扎根，因此本班也正积极筹设原生植物生态教学农场，结合生产生活生态，提供给人们对自然生态保护与体验的观念。

9. 花卉米仓休闲农园

花卉米仓休闲农园是以花卉、米仓产业资源为发展主题，含花卉温室、电照菊花、百年碾米器具、大型稻谷烘干场及可爱动物生态区等。

三、台湾休闲农业的创意和行销

台湾农业面临效益下降、农民收入减少、劳动力特别是年轻人很难留在农村的问题。他们认为休闲农业是21世纪的产业，通过发展休闲农业促使农业转型、农民增收，发展农村经济。就笔者所了解，台湾的休闲农业可分为五类。

1. 休闲农场。具代表性的有台湾休闲农业协会理事长张清来先生经营的香格里拉休闲农场，宜兰县头城农场和飞牛农场，他们共同的特点是地处山区，面积较大（100公顷左右），山清水秀、景色优美、主题突出。香格里拉休闲农场有各种原生植物、水果采摘园，配以观景亭、悬索桥和山间崎岖小路；头城农场是以有机农业、家畜家禽饲养、山潭垂钓等分布于起伏山坡之间；飞牛农场以其奶牛饲养为特色，有自产牛奶、奶酪、牛肉，并以其秀丽的牧场景观吸引游人，在飞牛农场你会觉得是在欧洲、新西兰的某个牧场，使人们享有全新的环境，体验活动丰富多彩，通过视觉、听觉、味觉、嗅觉、触觉领略自然，活动项目有点天灯、搓汤圆、印T恤、做陶艺、摸泥鳅、挤牛奶、农耕收获挖地瓜等。给人们带来喜悦、欢乐、刺激，有趣好玩，令人印象深刻，记忆难忘。

2. 教育农园。这是利用农场环境和产业资源，将其改造成学校的户外教室，具备教学和体验活动的场所。在农园里各类树木、瓜果蔬菜均有标牌，有昆虫如蝴蝶是怎样变化来的等活生生的教材。南投县一生态教育农园和台南县大安生态教育农场，颇具代表性。大安生态教育农场在不足10公顷的土地上，设置大草原、花卉、育苗、水生植物等6个大区23个小区，生物种类多，活动内容丰富，吸引了众多中小学生及家长。

3. 观光农园。以名、特、优、新的农作物，以较好的设施和高科技含量，进行生产并以此吸引游人，向人们展示先进的生产技术和多姿多彩的产品。金车生物科技股份有限公司就是以组织培养、基因转殖、品种选育、无病毒种苗生产的观光农园，其各种兰花和生产培育过程有非常好的观赏性。还种植有荣获台湾十大杰出农民奖的南投县金线莲种植场培育的名贵药草，骐园种苗场的名贵国兰。亚森观光农园在三四公顷的土地上向人们展示了有机蔬菜、立体草莓、玫瑰园和西红柿园以及绿色隧道等20个不同小区，丰富多彩，令人目不暇接，其主人荣获台湾十大杰出青年称号。

4. 民俗民宿。有效利用自然环境、景观、特色产业和文化、民俗，让人们自然接触、认识和体验。民宿要求有优雅的环境、整洁的家居，有优美的风光和亲切的主人，有宾至如归的感觉。基隆山一处名为九份的靠山面海的山间小镇，过去是依金矿发展起来的，石条铺就的小街道，高低错落，两旁店铺的商品色彩鲜艳、琳琅满目，各色特产和食品的叫卖声不绝于耳，一派热闹景象；入夜灯笼点亮了，自下眺望，犹如一排排天灯。附近的民宿就依山而建，民宿里陈列有各种金矿石及金矿的史料，饭后茶余可和热情的主人交谈当地的史料和风土人情，很有特色。

5. 亲水公园。结合治河的水利工程，建成大面积以水为中心的休闲公园。宜兰县冬三河公园的建成，彻底改善了县城面貌，每年举行国际童玩节，吸引国内外儿童戏水、赏景，举行龙舟比赛，也使该县名声大振。宜兰县结合老河道治理，请有关专家设计，结合本县特色，就地取材，发动全县人民特别是中小学生参与，在河堤上进行童趣镶画，小学生自己创作一小幅彩色石子画并镶在水泥砖上，留作永久纪念，直到成人，老年时也可以回来寻画。公园以水为中心，设有双龙戏水，栈桥水景、涉水亲水、亲子戏水、卧龙摸波、戏水园等20多个游乐小区，以亲近水、拥有绿、心灵的故乡在山水之间为主题吸引人们来公园休闲。有趣的是公园只对外地人收费而对本地人免收门票。

台湾休闲农业产业在市场竞争中始终注意到市场区隔，以自己的特色形成竞争优势。因而创办出具有独特内容和风貌的休闲农业（场）。

统一做到资源化行销。休闲农业涉及客人在休假期间衣、食、住、行、文化和娱乐。休闲农业区（场）应通过媒体和信息网络向公众介绍有关资讯，如交通路线、文化特色、农渔特产、日程、民宿、旅馆、价格、地址、联系办法等等。

目前，在台湾东部的中央山脉和海岸山脉之间已形成一条观光纵谷，成为有名的风景区。台东部三个县（宜兰、花莲、台东）拟联合组成东部观光休闲联盟，共同开展休闲事业，借以达到“三赢”。

四、休闲农业是21世纪极具发展潜力的一大产业

休闲体验农业因其使农业生产向二、三产业延伸，产生了叠加或乘积的效应，促使农民致富，增加农村就业机会，又吸引过去从事其他产业的人投资休闲农业，使其成为台湾正在兴起的新兴产业，促进了农村经济的发展。

台湾大学农经系江荣吉教授把休闲体验农业称为第六产业，原因有二：一是农业加工业加服务业，包涵前后两业容易理解，其中工业大部分是食品加工和陶艺等手工艺，因此1+2+3=6；二是效益大增，生产

加工销售一体化其效益是相乘的，即 $1\times2\times3=6$，故称之为第六产业。

且不说产业定位是否正确，其提倡发展休闲农业的用意是可以理解的，事实亦证实了这一点。香格里拉农场占地30公顷，从一个贫瘠果园，发展到总收入折合人民币1800~2000万元，每年吸引游客15万人，员工40人的颇具规模的农业企业①。

飞牛农场经营者还清欠债和致富的传奇故事在业界广为流传。18户养奶牛的农民，因难以为继，16户相继出走另觅生计，最后2户转型为休闲农场，并出售自家的鲜奶、奶酪、牛肉等，旺季时一天门票收入就是10多万元（台币）。

目前台湾休闲农业正在兴起，在学生寒暑假期间客房全部预订一空，会议、游客也四季不断。

五、台湾休闲农园带来的启示

1. 大陆城郊应积极发展休闲农业。随着人民生活水平的不断提高，提升生活质量，已成为现实的需求，双休日时举家到郊区休闲，已成为一种时尚，今后这种需求会愈加普遍。因此应把休闲农业定位为新时代城郊农村经济的一大产业或一大特征，积极地、有步骤地推进。台湾目前提倡一乡一农园，经过“农委会”等“政府”部门批准的休闲农场有19家，农区21个。大陆城郊休闲农业已有一定基础，当前应认真总结现有经验，认识发展潜力，拿出发展意见，推进休闲农业的发展，使农业向二、三产业延伸，使这一部分农业转型达到增加农民就业机会、增加收入、发展农村经济的目的。

2. 发展休闲农业要美化保护环境，提升环境质量，让人置身于一种清新、安静、优美的环境之中并得到享受。台湾的若干农场，根据原有产业的特点优势，经细心的主人精心设计，稍加改造，使人真正感受到环境的震撼力和吸引力，让游客流连忘返，想在这里住下来，生活下去。只有这样才能解决目前郊区留不住游客的问题。

3. 民间投入及民间组织。在台湾民间投入是很自然的。香格里拉、飞牛农场，原来是私有农场；头城农场是一位原来从事服装业的女士投

① 江中龙：《颇具特色的台湾休闲农业》，http://www.chinataiwan.org。

资的，她的两个大学毕业的儿子也改行搞休闲农业；金线莲种植园是一位搞婚纱摄影者投资的。台湾休闲农业发展协会理事长张清来就是香格里拉农场场长，没有任何官职。协会事务完全是公益工作，在台湾称为义工。他组织农林渔牧 45 个单位，参加台北国际旅游展，休闲农业成为最大展区；平时组织互相观摩学习，提升休闲设施品质，美化环境，软体服务向人性化、精致化发展；协会汇集业者意见向“农委会”提出建议，要求在“法令”上松绑，协助农民转型。目前协会有 100 个会员，包括休闲农、林、牧、渔场，教育农园，观光农园和民宿。

4. 政策支持。台湾休闲农业由“农委会”主管，“观光局”、“经建会”协同管理，有“休闲农业辅导办法”规范发展、经营行为。经核准的休闲农场，在经营上享受优惠政策，提倡一乡一农业园。拨出专项经费支持休闲农场，经费一般用于修建从主路到农场的支路，水利工程，教育农园的补助，组织、文宣等费用。

城郊农业面对加入 WTO 的新形势，面对新世纪的全球农业竞争，面对农业可持续发展、生态环境保护和优化，面对城市人民物质文化水平的提高，面对改善生活质量，提高健康水平的新需求，发展休闲农业，打造城郊农村经济新魅力势在必然。

第四节 “快乐出航”
——花莲区渔会透视

一、花莲区渔会概况

1932 年“保证责任花莲港定置渔业信用贩卖购买利用组合”成立，有组合员 12 人，办理组合员的资金贷付、设施利用、设施购买贩卖等；1938 年保证责任花莲港渔业协同组合设立，组合员 146 人，所办事业包括资金贷付、购买设施、遭难救恤等；1939 年“花莲港厅水产会”成立，会员 209 人，办理鱼市场经营、渔船上架设施、渔场调查、讲习、遭难救恤及指导奖励等①。

① 台湾渔产、渔业智库，http：//www. aptcm. com/fish/km. nsf。

1956年渔会改进后，“花莲区渔会”登记会员2667人，其中甲类会员696人，乙类会员1971人，渔会在总干事下设渔民生活、渔业改进、经济服务及总务四股分别办理事务，并设丰滨村办事处服务渔民，区渔会事务逐渐发展为：1. 渔民福利——渔民医疗、康乐、保险、服务等。2. 经济事业——鱼货拍卖、渔具加染、渔船充电及渔用物资供应。

花莲区渔会现有会员2155人，其中甲类会员2117人，乙类会员38人，会员代表25人，渔民小组13个，设理事9人，监事3人，员工25人①，分为推广暨观光休闲股、会务股、会计股、鱼市场等部门。主要业务包括渔民保险、渔民联合服务中心、渔事纠纷调解、急难救助、渔业推广、渔村环境改善，岸上服务台、渔船油代售、假日鱼市、休闲渔业、冷藏库出租、批发市场经营及“国军”副食供应等。

二、花莲区休闲渔业未来前景

台湾经济的高度成长，并没有让东部的花莲渔业蓬勃发展，相反的，渔民竭泽而渔的捕捞方式、环境污染严重影响海洋资源，再加上沿海工厂不断的扩建、工业废水改变了沿近海渔场生态，花莲的渔业已经亮起了转型的红灯。朝向休闲渔业发展，是花莲渔业永续经营的唯一途径，除了开发沿、近海海上游钓观光事业是势在必行之外，沿近海的渔业资源保育工作，更是刻不容缓。为确保东部沿近海渔业，花莲沿近海渔业资源的保育工作，在朝下列方向进行：

（一）加速建立花莲专用渔港

花莲县虽有百余公里的海岸线，并且位于东海岸中段，面对辽阔的太平洋，但迄今花莲仍无一专用渔港。而专用渔港的建设将有助于改善渔民生活及促进东部地区渔业的发展。花莲渔港系使用花莲商港的大小船渠泊靠渔船，近年来由于渔船数的增加，导致小船渠已不够使用，尤其当飓风来袭时本港渔船再加上外来渔船更使小船渠无一空隙，致使渔民遭受损失。如专用渔港完成除可改善渔港设施，促进渔船大型化及现代化外，并可开发东海岸的渔业资源及观光资源，增加渔民收入，改善渔民生活。

---

① 花莲区渔会网站，http：//hualien. etaiwanfish. com/。

（二）严禁大型围网渔船在鱼苗、鱼卵育成期进入东部海域捕捞

来自南、北部的大型围网渔船，吨位大、马力强，捕捞鱼货的数量，高出本地渔船数十倍以上，使东部渔获努力量激增，造成资源的过度开发、资源减少，总渔获量和单位努力渔获量都明显降低，且外来东部捕鱼的渔船，并未在花莲区渔会拍卖、交易，渔会无法从大型围网渔船中取得任何费用，借以发展东部渔业事业，大型围网渔船进入东部海域作业，可谓是东部渔业界的双重损失。

（三）正确掌握花莲资源量及合适的渔获努力量

台湾地区渔业发展过程已进入资源过度开发期，甚至将要进入资源衰败期，因此，主管机关对于花莲渔业资源量加以评估，将渔船数或总吨位数控制在合理范围内，降低资源压力，如目前当局采取的渔船限建及收获措施。

（四）设置花莲人工渔樵区，扩大鱼苗放流地点

设置渔业资源保育区，调查规划选定鱼种鱼产卵场及幼鱼哺育场，投放人工渔樵或废船鱼樵，提供鱼类繁殖、栖息场所，提高沿近海域生产力，增加资源量。并扩大鱼苗放流地点，弥补自然补充量的不足，加速恢复已衰退的渔业资源。

（五）建立花莲渔业公害防治、预警、监视系统，减少海域污染事情的发生

协调环境保护单位在各主要河川出海口建立污染监视系统，作为取缔、预警、改善污染水源水质的依据。

（六）加强取缔花莲电、毒、炸鱼等非法捕鱼行为

由于电、毒、炸鱼，会危害抱卵的鱼虾及幼鱼，破坏渔业资源甚巨；同时毒鱼又会污染水质，破坏生态环境，有关单位应谋施对策加强取缔，以维护渔业资源的永续。

（七）加强花莲宣导教育，推动渔业资源为全体渔民共有共享的观念

渔业资源保育是自然生态体系中的一环，与其他保育项目环环相扣，与人民的关系不限于渔业人口，更与全民息息相关，因此地方渔政单位必须加强宣传教育。渔会本身也应利用班组会议宣导，希望从小建立全民共识，共同维护渔业资源。同时通过资源保育教育，改变人们

"我保育，不一定我受益"的观念，将渔业资源视同拥有物；由全体人们共管、共享海域资源，必能达到资源永续利用的目标。

（八）建立花莲鱼货共同运销站

花莲县海域属太平洋黑潮主流范围，海域广阔，地质多为岩礁，各种洄游性及底栖鱼类资源丰富，但由于交通不便，导致外地鱼货承销人大多不愿至渔会承购鱼货，使本地鱼货价格一直无法提升，严重影响渔民生计。

三、花莲区渔会历任负责人

1956年花莲区渔会经改进后，历任负责人如下表所示。

表3.11　花莲区渔会历位负责人

时　间	理事长	常务监事	总干事	备　注
55.07～58.11	王建成 陈连枝		苏根诚 李朝养	
花莲区渔会 新城区渔会				
58.11～61.11	俞石南 陈连枝	陈火源 张川连	万　均 江昆鸿	新城区渔会 新城区渔会
61.11～65.03	俞石南	陈连枝	万　均	新城区渔会并入花莲区渔会
65.03～69.05	陈火源	陈连枝	江昆鸿	——
69.05～76.08	陈火源	赖金火	江昆鸿	——
76.08～81.04	陈火源	赖金火	江昆鸿	——
81.04～85.04	赖金火	陈庭富	吴万枝	——
85.04～89.04	赖金火	杨松雄	吴万枝	——
89.04～93.04	邱正莲	杨松雄	杨镜庸 游象能	——
93.04～97.04	邱正莲	江华宗	游象能	——
97.04～98.05	黄东平	陈　成	陈秀美	代理总干事
98.05～01.04	黄东平	陈　成	王铭章	总干事87.05.15遴选就任
01.04～05.04	黄东平	许朝禄	王铭章	
05.04～09.04	黄瑞岳	辛维清	王铭章	

四、花莲区渔会休闲渔业“快乐起航”

2003 年花莲多功能渔港破堤，其成立宗旨是：

1. 渔事、四健、家政的推广业务。

2. 渔业资源保育维护及水产品加工辅导。

3. 各项新式渔航仪器及渔具之推广及奖励。

4. 渔船船员之管理及干部训练。

5. 渔村文化休闲产业推广。

6. 淡海渔业休闲产业推广。

（一）花莲渔港休闲码头

台湾第一座规划为娱乐渔船专用码头的花莲渔港休闲码头于 2003 年 5 月 5 日开幕启用。港区内有安全的登船码头、海洋生态展示区、商品销售区、鲸豚救援站、海狮表演和休闲咖啡广场等。

花莲县政府运用巧思，将港务局原有的旧房舍内外重新包裹，鲸豚与各种鱼种悠游，度假氛围浓郁，候船区可以赏见渔船，商船与赏鲸船出入，海洋对岸是都会风情，海港这一面是休闲的船屋与棚架，充满赏鲸情趣；赏鲸客在出海前，须先在解说室“受训”，欣赏花莲海洋生态影片及了解赏鲸安全常识，停车场旁边有一座“意向地标”，颜色很鲜活，代表花莲海澎湃的生命力。花莲港旁有休闲鱼市，每天下午二三时渔船返港，渔获就地叫卖，展现另一种生活情味。

（二）石梯休闲渔港码头

过了盐寮休闲渔港，继续沿着台十一线海岸公路南行，游客可以和石梯休闲渔港码头相逢，此地虽距花莲市区较远，但鲸豚能见率据说可达95%，是个出海欣赏鲸豚的好地方。主要设施有造型拱桥、鲸豚戏水池、木栈道、休憩凉亭及咖啡座等。老地方，新风貌，前临太平洋，后见海岸山，休闲气息百分百！

（三）盐寮休闲渔港

沿着台湾十一线花东海岸线前进，在寿丰乡有一座盐寮休闲渔港，县府在此展现新创意：将用来填海的消波块漆上鲜丽的色彩，休憩凉亭与坐椅、观景台与步道，全数以原木为材，木与海互相映照，呈现出自然且原味的花莲风情。区内有抹香鲸模型与废弃旧渔船的展示，此地淤沙严重，休闲渔港设施所在之处即是近年来积沙堆起的陆地，走踏其间，别有一番沧海桑田的体会。

盐寮休闲渔港不具观光船进出海岸的功能，是花莲与石梯港的中间站，游客要欣赏花莲海岸风情，可沿花东海岸线一路巡游至此。区内未设卖场与解说室，只设置了与大自然相呼应的休憩亭与观景台、木栈道，让游客可以轻松安全地享览太平洋海风的粗犷与温柔。

（四）休闲码头海洋音乐会

从1998年石梯渔港第一艘赏鲸船出海之后，东海岸的赏鲸事业便蓬勃发展开来，为了提供更安全、更专业的海上赏鲸之旅，花莲县政府通过“中央渔业署”补助经费，在渔港内兴建了一处休闲码头，包括旅客行前解说室、候船室、展示中心等，这是台湾第一座赏鲸船专用的安全码头，也让老旧的花莲渔港“麻雀变凤凰”，以全新姿态再现。

依据渔会的登录资料，花莲港的渔筏数有400多艘，船员有1800多人，几乎都是沿海渔业，算起来规模并不大，但是在这片海天交会处，只要天气晴朗，清晨你可前来迎日出观浪涛，黄昏时漫步长堤采买海鲜品尝鱼丸，回首眺望花莲市景，都别有一番乐趣。而假日的夜，在休闲码头外会不定期的举行露天“海洋音乐会”，浪漫的爵士、悠扬的弦乐……星空下旋律伴随着海风轻轻飘送，不同于一般的音乐厅，夜晚来到花莲渔港边，会让人全然放松，专一享受大自然的风光。

1997年7月，第一艘专营赏鲸船——海鲸号在花莲石梯渔港开航。这不仅是台湾观光业的新突破，更是鲸豚保育的新里程碑。花东地区离岸五六海里之外海是黑潮与近岸的交接处，各种洄游性及底栖性的鱼类资源丰富。洋流相激，激起海底丰富的有机物质，吸引成群鱼儿觅食，进而也成为鲸豚最常出没的海域。

根据“中华鲸豚协会”的调查发现，石梯港附近海域发现鲸豚的几率为九成以上。台湾常见的鲸豚以小型及中型齿鲸为主，也就是以海豚为主，如果你看到任何广告说可以看到大型鲸，那绝对是骗人的。其实鲸和海豚都是属于鲸类，都是属于哺乳动物，只是外形已经转化成像鱼的样子了。

（五）花莲区渔会休闲渔业养殖区

寿丰乡有着青翠的山峦、洁净的水质，出产多样水产品，样样都是优良品，其中以黄金蚬、澳洲鳟鱼、樱花鱼、香鱼、白金虾、鳗鱼为众所周知；更由于当地养殖业者的努力及当局的辅导，推出蚬精、蚬肉丸、盐渍蚬、鱼排等一系列渔产品以飨民众。

为辅导养殖业更蓬勃发展，规划富丽渔村的蓝图，并兴建渔产品直销中心及渔产品处理中心，除建立地方品牌外，另通过直销中心让民众可直接选购当地出产的渔产品，另设有热食，可一尝海鲜大餐。

五、周边景点

（一）七星潭

位于花莲县新城乡，海底坡度陡峭，为一卵石海滩，海湾风景优美，又有定置渔场可供游客亲身体验捕鱼的乐趣，每逢假日及傍晚时分，均吸引大批游客驻足，有生鲜的海产店及供应新鲜鱼货的鱼市场，能品尝新鲜的海产。

（二）矶崎海岸

矶崎又称加路兰，位于花东海岸公路，丰滨乡矶崎村旁。花莲县政府已将此区筹建为矶崎海水浴场。矶崎为沙滩海湾，沙滩平坦，无数奇石散布。本区适合溪钓，钓点集中在两条干涸小溪的出口一带。

（三）寿丰养鱼体验

以农渔牧综合经营方式养殖蚬、吴郭鱼。可提供摸蚬、塭钓、露营、烤肉等野外活动。区内另设有蚬包装处理场，可供静态参观，另有鱼贝类养殖过程介绍。

六、曼波鱼的故乡

（一）何为曼波鱼

曼波鱼是形态奇特的鱼种，不像鱼的鱼，外形体短而侧厚，没有腹鳍，背鳍与臀鳍很高，在骨骼系统中没有肋骨，尾鳍很短，形状像扇子；看上去很像是被人用刀削过一样，游泳速度缓慢，都随着水流前进，要是所在水域没有水流的话，很容易就迷失了方向撞到障碍物而受伤。曼波鱼生活分布在热带海洋中，属于大洋性洄游鱼类，身体周围常附着许多发光的寄生物，一游动，身上的发光动物便会发出明亮的光，远远看去像一轮明月，故又有“月亮鱼”之美名。另外曼波鱼常靠近水面，利用晒太阳和鸟类来驱赶身上的寄生物。

其平均寿命为20年左右，为头重脚轻的鱼种，常潜到深海捕捉鱼、虾、水母为主食，但不善游泳且笨拙，常常被海洋中其他鱼类及鲨鱼吃掉。而曼波鱼近年来快速增加、不致灭绝的原因是具有强大的生殖力，一条雌鱼一次平均可产3亿个卵（堪称最会生孩子的鱼妈妈），但在鲨鱼等掠食者被大量捕捉后，其活存下来的数量就会增加。

曼波鱼遍布世界各大洋，台湾就有3种曼波鱼，即曼波鱼、黄尾曼波鱼、矛尾曼波鱼。曼波鱼现为世界体重最重的硬骨鱼，曾有记录：体重为2235公斤，长度为3.1米，高度为3.5米等，曼波鱼肉含水量90%、无胆固醇，也具有高胶原蛋白，骨头含丰富钙质，另有高量的DHA等。这适合现代人健康的需求。

（二）曼波在花莲

花莲特产曼波鱼的产量占台湾总产量的98%，2003年总产值超过2亿元以上，周边整体经济效益达4亿元以上，这项得天独厚的资源使花莲拥有在地化渔业产业的机会，花莲县及区渔会有鉴于此，积极办理辅导及推广营销，虽然体制上未设立平准基金，但仍通过运作，自2003年起由区渔会以高于市价办理收购，以稳定价格，使得曼波鱼肉从当年的每公斤35元，攀升到2005年的每公斤75元，在这过程中与相关业者努力开发曼波餐料理、曼波饮品、曼波蛋糕等，让曼波鱼的价值达到全鱼使用（100%）。此外更结合县内观光活动，于2004年办理第一届曼波鱼季，当年的鱼价即已上升至每公斤60～65元，其中最重要的意义在于提高曼波鱼的单位产值，不全然以量为收益基准，借以倡导曼波保育观念。2004年获得渔民回响，共同宣誓，30～50公斤以下必须放回大海。如此，让该渔业有永续经营的机会，除了增加渔民收益外也能兼顾资源保育，避免滥捕。

第四章　农渔会组织的政治性功能

第一节　农渔会与地方派系的关系

地方派系依靠建立的庞大社会关系网，控制了地方各种权力机构与经济社会资源，在选举中进行社会政治动员，在经济上进行利益交换与权力分配。

一、地方派系的势力范围

地方派系力量主要集中在相关政治机构、经济领域与社会团体中，地方派系控制的领域包括县乡政府与县市议会、乡镇政府与乡镇民代会、村里与村里民代会，农会、渔会、区域中小企业银行、地方客运与货运公司等。具体而言，主要有如下六大社会系统：一是行政系统；二是民意机构系统；三是农渔会与水利会系统；四是地方金融体系；五是地方客运、货运公司；六是信用合作社以外的各类合作社。这里主要介绍与农渔会有直接或者间接关系的几大系统。

（一）农渔会系统与水利会系统

农渔会在台湾地方具有根深蒂固的影响。从县市级农渔会到乡镇农渔会，大部分为地方派系所掌握，也是地方派系最重要的势力范围。有些农渔会由一个派系主导，也有由几个派系共同参与掌控，进行权力与利益合作、分配的。

农渔会系统与水利会系统掌握了大量的经济资源，是选举中的重要力量，农渔会总干事与水利会会长的选举变为地方派系角力及派系“桩脚”布桩的重要据点，因此权力争夺一直十分激烈。以水利会为例，水利会会长是由会员代表投票选举产生，但因地方派系介入而竞争激烈，于1975年至1982年间改为官派。后来因地方派系势力反对，又改为选举产生会长。选举又产生弊病，1994年改为通过遴派办法。不少地方派系代表就来自水利会，如桃园县南区“刘派”重要代表、前县长刘邦友从父亲那里继承桃园县农田水利会代表，造就了刘家父子在桃园县的势力。宜兰县“林派－罗许派”的最初领导人林才添也是水利会系统出身的典型①。

（二）地方金融体系

农渔会系统的信用部及其他地方金融部门是地方派系的主要势力范围。地方派系积极介入的主要地方金融体系有各县市的信用合作社、区域中小企业银行、省营商业银行及新兴的各种金融机构等。这些金融机构与农渔会的信用部共同成为地方派系的资金支持者。

（三）信用合作社之外的各类合作社

此类合作社主要包括台湾省樟脑运销合作社、青果合作社、省住宅公用合作社、省蔗农消费合作社、县市及乡镇合作社、省合作社联合社、工程建筑公司、医院及其他家族企业等。依台湾学者调查研究，地方派系经营的经济事业主要包括金融服务业、地产工程与水泥建筑业、娱乐行业、饭店百货业、食品流通业、交通运输业、纺织业、钢铁业、电子信息业、医疗业、化工业等20多种行业。② 其中，不少地方派系因拥有医院而发达，如嘉义市的“许家班”，就是许世贤与张进通夫妇在嘉义市设立顺天堂医院行医，建立广泛的社会关系而形成的一方势力；宜兰县的“罗许派”是因罗文堂与许文政开设博爱医院（前身为罗许阿隆博爱医院），进而跻身于医师公会而结识地方政经人士发展起来的一个地方派系；桃园县“吴派”等也拥有多家医院。③

二、农渔会在选举中的“桩脚”作用

地方派系是一个庞大的区域社会利益关系结盟体。这个关系网往往以一个县市为范围，有一个或多个地方派系领袖，派系领袖基本上当选过县市长或县市议会正、副议长。每个派系都有自己的一批实力派人物，如“立法委员”、“省议员”、“国大代表”、县市长、县议员、乡镇

① 王建民：《台湾地方派系与权力结构》，九州出版社，2003年版，第14页。

② 高永光：《21世纪台湾地方派系的发展》，台湾：《中国地方自治》，第55卷（2002年6月）。

③ 王建民：《台湾地方派系与权力结构》，九州出版社，2003年版，第15页。

长、乡镇代表、乡县市及乡镇的农渔会理事长或总干事、水利会会长等。

台湾的地方派系源于选举，因此其最重要的功能是选举动员，以掌握地方政治经济与社会资源。要达到此目标，地方派系就需要发展自己的势力，壮大派系力量，最重要的一条就是发展“桩脚”，依靠他们建立广泛的社会关系网。地方派系为掌握选举资源，会在各行各业、各阶层、各种正式与非正式的社会组织间发展关系，形成庞大的“桩脚网”。地方派系正是通过“桩脚”进行购票、买票、固票，以便在选举中取得胜利。

地方派系依靠“桩脚”进行社会与政治动员，发展派系的势力。“桩脚”原是在地方上可以为派系动员各种力量与争取选票的人物，包括在任或离职的村长、乡镇长、农渔会总干事、宗亲会理事长、退伍军人协会会长、庙会管理委员会总干事、校友会总干事等在地方有一定影响与实力的人物。“桩脚”也有“大桩脚”与“小桩脚”之分，“大桩脚”即是社会动员能力较大或影响力较大的组织或个人，以农渔会、水利会或农渔会总干事为主要代表。现在的“桩脚”不仅仅指过去传统意义上的“买票”功能，更多的是指某政治人物或实力派人物的忠诚支持者，并有动员其他人员的能力，这些人可说是地方或各团体中的意见领袖。①“桩脚”事实上是地方派系网络中重要的一环。“桩脚”是一个变化中的多层次的角色。县市级派系的“桩脚”是派系中乡镇市级及相关社会团体与组织的负责人或主要干部。县市级派系人物则可能是国民党或是民进党在省市级与“中央”级行政首长与民意机构选举中的“桩脚”。

在台湾地方选举中，候选人仅凭个人能力与口号是不够的，必须是派系代表或派系支持的人物。候选人为能够当选，便给选民实际好处，行贿、给钱买票是主要方式。买票行动仅靠候选人进行是不够的，也是不可能的，它必须通过所在派系建立的“桩脚”买票。买票的价格各地不一，都市高于乡村，经济发达地区高于经济落后地区。上世纪 90 年代中期，一般而言，拥有上千选票的大“桩脚”，车马费为 4 万元（新

① 台湾：《联合报》，1998 年 6 月 28 日。

台币，下同）；手中握有100票以下的“小桩脚”可获得3000元走路费。1997年，台中县长选举时的每票价格在300元至500元左右；彰化县每票的买票费从300元到2000元不等。①

在社会反贿选声音不断高涨的情况下，司法单位积极查处贿选，于是候选人改以后援会、宗亲会、同乡会、大楼管理委员会、工商业协会等民间社团名义所举行的流水席、餐会、联谊会、座谈会等赠礼品的变相方式争取选民。总之，派系要通过各种办法给予“桩脚”好处，以便让其努力地拉选票。据台湾《工商时报》对1997年底县市长选举中“桩脚”买票情况报道：虽然候选人直接以金钱、实物贿赂选民的手段渐趋式微，但以民间社团名义设宴或赠礼品等模式的贿选却大行其道。因县市长选举选区大，候选人在“绑桩”时已采取“精兵制”，并以大、中型“桩脚”为主。

可以看出，农渔会组织在各类选举中是作为不可或缺的“大桩脚”在农民选民之间进行购票、买票、固票，发挥其选举“利器”的作用，为各政党或各候选人服务。2000年以前，当局为确保选举利益，透过信用部“贿赂”地方派系，农民即使没有担保品，也可获贷款。②

第二节　农渔会备受各政党“青睐”

一、国民党掌控农渔会

国民党当局从日本人手上接收台湾后，三级制农会仍被维持，并且历经分合的争议后，在1949年将农会与合作社合并，改组成为农会，不过改组后农会成效不彰，农会为非农民把持，于是延请美籍农村社会学家康乃尔大学安德生博士去台研究。在安德生所提的16项建议中，较有争议的是第7项农会应避免介入政治活动及政治控制的排除，和第12项农会得参与农会政策制定两项。虽然国民党当局担心赋予农会高度的自主权及自治权，可能重蹈在大陆失败的覆辙，但又因对“美援”的

① 台湾：《工商时报》，1997年11月28日。
② 《李登辉陈水扁为何开骂？只因农渔会是大票仓》，中新网，2002年9月25日。

依赖很深，不得不重视美方所提的改革意见，于是经过协调折中后，在1952年“行政院”公布的“改进台湾省各级农会暂行办法”中，规定农会及其职员不得介入选举活动，但却未规定农会得参与农业政策制定①。

虽然国民党当局在“农会暂行办法”中妥协，规定农会不得参与选举及政治活动，但在大陆失败的切肤之痛，使其不可能放弃对遍布全台、深具影响力的农会组织的掌控。1954年农会改组后，总干事100%都是国民党员；在3747位理事中有3607位是国民党员，占96%；1530位监事中国民党员有1503人，占98%，国民党完全控制农会。② 而在国民党取得农会的主导权后，不但未信守“农会暂行办法”的规定禁止农会进入选举活动，反而运用农会有效动员农民支持国民党，使农会成为选举基层组织。

1974年台当局废止实施20多年的“改进台湾省各级农会暂行办法”，大幅修改“农会法”，原本兼具职业团体与企业组织双重性格的农会，在股金制废除后，渐渐失去其合作经济的企业组织功能，而走向政治性功能为主，变为地方政治势力角力的场所。

在国民党威权时代，国民党一方面通过总干事遴选制度（且总干事没有任期限制）以及党部提名制度，让效忠于国民党的总干事得以成为“万年总干事”，掌控农渔会；另一方面，由当局赋予农渔会独占事业的权利及补助经费。双管齐下，让国民党及当局牢牢控制农渔会。这一时期国民党与派系之间形成上下依侍与垂直互惠结盟关系，国民党让派系控制、占据农渔会，而派系则在选举中将所拥有的动员能力及汇集而来的选票转化为国民党的选票，二者形成互惠结盟关系。

上世纪90年代，台湾进入政党竞争时代，人们在国民党之外还有其他的选择，国民党不再是派系唯一可合作的对象。相对于国民党威权体制的弱化，农渔会派系的自主性明显提高。在过去国民党威权统治时期，派系并无自主性，总干事的遴聘人选需由地方党部提名，理事会只

---

① 黄德福、刘华宗：《农会与地方自治——以台中县与高雄县为例》，《选举研究》，1995，第2卷第2期，第63－82页。

② 谢捷晃：“农会经营危机与转型革新之研究”，台湾南华大学非营利事业管理研究所硕士论文，2003年。

能就国民党所同意的人选聘任总干事，但到了此阶段，地方党部已无法决定总干事人选，转为派系决定，农渔会的提名制度更加制度化、自主化；至于动员辅选角色也随之改变，农渔会派系从过去被迫为国民党动员，转而变为更自主与积极主动。

1991 年国民党为因应二届“国大代表”选举名额大增，主导修改“农会法”开放总干事及聘雇人员可参选并兼任“国大代表”，果然在此次选举中，国民党提名不少农会总干事参选，农会派系的动员辅选角色从过去威权制度下不得不为国民党辅选，变成是替自己辅选。农会的辅选角色转变，农会与国民党的关系，也由过去的“侍从恩庇关系”，转成“伙伴合作关系”。

后来国民党在大选中节节败退，面对民进党的强力挑战，国民党对农渔会的依赖更深，也让派系及农渔会总干事在农会更有上下其手的机会，然而，农渔会弊端日生，加上农业经济不景气，农渔会经营日益艰难，其动员辅选能量下降，在 2000 年“总统”选举中，国民党更在农村全面溃败。

二、民进党“改革”农渔会

政党轮替之后，民进党在农渔会改革上较无包袱，因此大力整顿农渔会信用部，却引来农渔会及国民党群起反弹，批评民进党是假借改革之名，行拔除国民党“桩脚”之实，使农渔会改革论战“政治化”。

（一）农渔会是选举“大票仓”

农渔会是选举的“大票仓”，在李登辉主政时期，这些农渔会大部分是国民党选举中的“桩脚”，他们利用手中动辄几十亿数百亿的资金，平时巩固政权，选举时冲锋陷阵。李登辉下台后，这些“桩脚”大部分被国民党接收。由于 2002 年 12 月 7 日台北、高雄两市市长选举以及这两次选举对于 2004 年台湾“总统”选举的重要意义，从选举的角度出发，陈水扁当局一直视农渔会为“眼中钉”，迫不及待地要将国民党的“人脉”加“钱脉”斩断，据为己有。因此，才有了匆忙的农渔会金融改革。

扬言“要为农民拼命”的李登辉，出于政治野心，自然想抢国民党这个“票仓”，为其嫡系“台联党”拉票；在陈水扁方面，民进党若能成功改革农渔会，既可斩断国民党“桩脚”，又可赢得中间选民支持。即使对于陈水扁来讲，农渔会也是其不可或缺的票源。台湾农民多集中在中南部，2000 年 3 月 18 日，陈水扁能登上“总统”宝座，离不开中南部选民的支持，甚至此次农渔会风波之前，中南部民调对陈水扁的支持率，仍然远大于台北选民对他的支持，因此，中南部被视为民进党陈水扁的“票仓”。

台湾有 100 万农民，加上家属，保守估计也有上千万，历年来农渔会都成为选举时动员的最佳利器。但同被两党争抢“票仓”的农渔会，此时却面临生死存亡的挑战。

（二）民进党当局试图接管农渔会信用部

台湾金融机构逾期放款比率过高一直是一大隐患，农渔会信用部的金融问题亦积弊日深，且农渔会信用部整体状况处在持续恶化中。民进党当局试图以整顿农渔会信用部来推动整体金融改革。2002 年 8 月 22 日，台当局以农渔会信用部“经营恶化”为由，决定对部分信用部进行分级管理。强行合并了 36 个农渔会信用部，把它交由商业银行来管理，并拟于 2004 年底前全面接管农渔会信用部。① 这种措施引起岛内农渔会的很大反弹，农渔会成立“自救会”反对商业银行接管农渔会。与农渔会有千丝万缕利益关系的李登辉也对陈水扁提出政党轮替以来最严厉的批评。

究其原因，台湾农渔会信用部的改革是非常复杂的一件事情，农渔会信用部和其他的金融机构不太一样，农渔会信用部是农渔会的心脏，它包括资金技术援助、信用推广培训等等重要功能，如果信用部被取消掉的话，这必然会影响到农民的切身利益，同时农渔会本身也会遇到很多问题，因为目前 100 多万台湾农民都已经对农渔会有一种长期的依赖感，如果没有一种配套的措施来应对，只是把它们取消掉，就会让他们失去一种依靠，有了问题和困难也无处反映，这是筹划方面的不足，势必影响未来经济的发展。还有一个决定性因素是，台湾加入世界贸易组织之后，岛内农业面临很大冲击，不光是它的农产品的价格下降，更主要的是农产品因为岛外农产品的冲击，使岛内的农产品市场销路越来越

① 《人民日报·海外版》，2002 年 12 月 20 日第 1 版。

窄了，广大农民不仅需要农渔会的资金技术市场等方面帮助和服务，还迫切需要陈水扁当局来采取措施，帮助他们应付加入世界贸易组织的冲击。

究竟农渔会信用部的存在对于台湾农业的进一步发展是有利还是有害，以台湾当局的观点看，因为农渔会信用部逾期放款比率太高，金融问题很严重，所以要把其合并或者取消进行一次重组，但问题是农渔会信用部和一般金融机构不同，有其特殊性，包括它的贷款方式和商业银行不同，它的网点很多，而且不需要动产和不动产的这种抵押，那它对农民来说是非常便利的，如果取消掉的话，对农民非常不利。于是在2002年11月23日，来自台湾各县市的12万农民（包括渔民）走上台北街头举行游行抗议活动，反对当局借改革农渔会信用部的名义削弱农渔会功能的做法，这次游行活动是台湾历史上规模最大的游行，引起了台湾岛内政局的动荡。

第三节　从“桩脚”到选举“大票仓”——苗栗、桃园农渔会政治选票分析

一、苗栗县政治选票分析

苗栗县位于台湾岛北部偏南沿海地区，面积1820平方公里，人口56.1万人（2001年底）。1889年，苗栗正式设县，后改属新竹县，1950年重新设县。下辖1市（苗栗市）6镇（苑里镇、通霄镇、后龙镇、竹南镇、头份镇与卓兰镇）和11个乡（大湖乡、公馆乡、铜锣乡、南庄乡、头屋乡、三义乡、西湖乡、造桥乡、三湾乡、狮潭乡与泰安乡）。县治设在苗栗市。

苗栗县山多田少，苗栗市更有“山城”之称。盛产茶叶、甘蔗、黄麻、青果等，也是台湾石油、天然气的最大产地。头份镇的石化工业区原是北部石化工业中心。其他产业包括肉类、食品加工、汽车、橡胶等。

苗栗县是典型的客家县，客家人占总人口的7成左右，约是闽南人的两倍。苗栗县在地理上分为海线、山线与中港溪三个地区。海线四乡

镇闽南人居多，为党外及民进党在苗栗县的根据地；山线与中港溪以客家人为主，是地方派系刘派与黄派的天下。如今政党政治已成为地方政治生态的主导力量。苗栗县总体呈现“地方派系、地域观念、宗亲力量、闽客情结、政党运作”相互交织的社会政治格局，政治势力错综复杂，选举竞争激烈。

（一）地方派系沿革

苗栗县的地方自治史，就是一部以地方派系主导地方政坛的发展史，地方派系对苗栗县政坛的影响相当大，长期主导苗栗政坛。

1947 年，国民党举行第一届“国大代表”选举时，黄运金、林为恭、付添荣等人支持桃园籍的吴鸿森；刘阔才与黄文发等人则支持头份镇的张子斌，双方竞争激烈，并分别形成以黄运金与刘阔才为核心的黄、刘两大势力。在 1950 年重新划分县域时，黄运金与刘阔才发生严重分歧。黄、刘两人同为苗栗县公馆乡客家人，皆留学日本，也均取得日本文官与律师资格，两人也曾拒绝在日本政府做官而颇具民族气节，而且黄运金还是刘阔才的姐夫，但利益上的矛盾与权力之争还是造成双方的最终分裂，形成不同的政治势力。黄运金的势力遍及桃园、新竹、苗栗等地区，主张分新竹、桃园两县；刘阔才的势力主要集中在苗栗县而主张设桃园、新竹与苗栗三县，即苗栗单独设县，双方矛盾进一步加深。最后台当局采纳刘派的意见，决定分设新竹、桃园与苗栗三县。黄、刘进而支持不同的选举对象而形成两大派系势力，即黄派与刘派，并长期控制重新划分行政区域后的苗栗县政坛。

刘派－大刘派－小刘派。刘派创始人为刘阔才。在 1950 年县长选举中，刘阔才支持曾任新竹“防卫司令”的公馆同乡刘定国与另一实力派人物黄运金竞争，但两人均未能如愿当选，最后由国民党重新提名的赖顺生当选，双方矛盾进一步加深。同年底，刘阔才与黄运金均当选省临时议会议员后，各自逐渐在县内形成一股势力。刘定国当选第二届县长后，也形成一股政治势力，且因不满刘阔才对他的人事安排而发生矛盾，刘派内部出现大刘派与小刘派之分。

大刘派是刘阔才一系，主要代表人物有刘阔才的儿子前“立法委员”刘国昭、前省政府委员谢金汀、前“行政院”顾问刘碧良与前“国大代表”谢淼才等人。刘阔才曾是台湾政坛颇具影响的人物，在任多年省议员后，于1969年补选为“立法委员”，后成为第一位台籍“立法院院长”，1993年去世。儿子刘国昭也在政商界有相当实力，曾任第三届“立法委员”，同时任电机器材公会理事长等职。刘碧良曾是黄派人物，后投奔刘派，曾任第九届县议会副议长。大刘派势力主要集中在苗栗县农会、竹南信用合作社、苗栗县信用合作社、台湾省合作社联合社、省农田水利会、新竹汽车客运公司、台湾银行等，参与投资经营的企业主要是吉悌电信、远东电器、惠东电子、欣次芳企业与房地产事业。

小刘派先驱是刘定国，目前负责人为刘政鸿。其他主要领导人物包括前“行政院”秘书邱庆彰、前省议员林火顺、第四届“立法委员”陈超明、农会总干事巫永青、连任五届“立法委员”的刘政鸿等。刘定国在县长卸任后，曾出任省政府委员与“国大代表”等职。小刘派两位重要人物前省议员林火顺与陈超明在1996年台湾当局进行的“治平专案”扫黑行动中一度被羁押，但两人在苗栗县地方选举中仍发挥重要影响力。陈超明的故乡为竹南镇，是苗栗县第三大票源地。其势力范围与大刘派有重合，主要为苗栗县竹南镇农会、竹南信用合作社、苗栗市信用合作社与新竹汽车客运公司，参与投资经营的企业有兴利纸厂、冠军瓷砖、东协化工、大颖企业、裕诠实业、冠东食品与建筑事业等。

黄派－老黄派－新黄派。黄派创始者为黄运金，曾连任10多年省议员。在1968年省议员选举中，黄手下无党派大将汤庆松（曾任县议会副议长）反对黄运金再次参选，且自行参选，黄派分裂，并逐渐分化为老黄派与新黄派。

老黄派也即黄运金一系，主要头面人物包括前县长邱文光、前省议员付文政、前“国大代表”吴明波与第四、五届“立法委员”何智辉等。主要势力集中在苗栗县后龙镇农会、苗栗市农会、苗栗县农会、苗栗区农田水利会、新竹区中小企业银行等。参与投资经营的企业主要有嘉畜公司、励志学习班与房地产等，同时与华隆集团关系密切。

老黄派－何系。原为老黄派的何智辉逐渐发展出一支政治势力，称为何系。何智辉是苗栗客家人，于1986年当选县议会副议长，后于1992年当选第二届“立法委员”，在全县各乡镇建立了广泛的政商关系。特别是何智辉与财力雄厚的华隆集团关系密切，在多次选举中获得其支持。何智辉在1993年“违纪”（未获国民党提名）自行参选县长，并当选，打破了苗栗县政坛的派系权力分配传统。他的妻子王素筠有军方背景，曾为军方系统的“立法委员”，1995年当选第三届“立法委员”，何系实力大增。在1997年县长选举中，何智辉获国民党提名参选，引起其他地方派系反弹。虽然县议员汤奇岳、何文松、胡忠勇等极力支持何智辉，并批评前两任县长邱文光与张秋华对地方建设无建树，但遭到傅学鹏系及省议员陈火顺等地方政坛人士的强烈反对，导致何智辉竞选连任失败。但何系在地方上仍具相当实力，何智辉在1998年与2001年“立法委员”选举中两度当选。

新黄派主要代表有林为恭、林佾廷与林久翔祖孙三代及张秋华、傅学鹏与徐成焜等。林为恭先后担任两届县长，张秋华也担任一届县长，傅学鹏曾任第十二届县议会副议长，徐成焜则连任三届“立法委员”。其中，林氏家族势力庞大，并以中港溪一带为其据点，是新黄派的核心。林为恭之弟林为宽曾为省议员；儿子林佾廷在连任五届省议员后转任省政府委员；林佾廷的儿子林久翔也当选为第十届省议员，林氏家族显然是一个地方政治大家族。新黄派势力主要集中在苗栗县南庄乡农会与头份镇农会、竹南信用合作社、台湾省合作社联合社、土地银行与新竹区合会等，参与投资经营事业广泛，包括国际石棉、南荣企业、巨人企业、为邦租赁、南斗化工、永光公司、大华化工、台湾工矿和多家矿业公司。

新黄派－傅系。傅学鹏是新黄派的成员，但也逐渐形成以他为代表的一股政治势力，而被称为傅系。傅学鹏在第十三届县长选举中，获得县议员邱炳坤、前“立法委员”徐成焜、前“国大代表”陈进栋及前苗栗县长张秋华等人支持，并当选。2001年，傅学鹏再次当选第十四届县长，巩固了傅系在苗栗县的地方势力。

纵观苗栗县地方派系的变迁，一直存在着刘、黄两大地方派系，刘派又分裂出大刘派与小刘派，黄派则分裂成老黄派与新黄派。在上世纪90年代以后，老黄派内又分裂出何系，新黄派分裂出傅系。每个地方派系都并非铁板一块，由于利益与权力之争，不断分分合合，派系人物不断出走与回归，如张秋华曾是刘派大将，后投奔黄派，成为黄派核心人物。徐成焜曾是刘派，后到黄派。尽管如此，刘、黄两大派系一直存在。地方派系在重要的地方选举中，势力依然强大。据研究，1972年到

1992 年历届“立法委员”选举中，苗栗县地方派系的得票率达 75%；2001 年选举仍达 74.8%，是地方派系得票率最高的县市①。

（二）地方政治权力之争

地方派系与主要政党为争取更多的政治、社会与经济资源，均积极介入地方选举，以厚植自己的实力。其中，地方行政最高权力拥有者县长一职则是权力争夺的中心。

苗栗县长期以来一直是国民党的统治天下，没有党外人士或其他政党能够问鼎县长宝座，直到上世纪 90 年代末，才由退出国民党的无党籍人士执政。县长权力之争主要是国民党内不同地方派系与政治势力之间的权力分配。数十年来基本上是刘派与黄派分庭抗礼。按不成文的政治惯例，黄、刘两派轮流执政，每次可连任一次，即连任两届。但在 1993 年县长选举时，何智辉违纪参选，与同为黄派的现任县长张秋华竞争，打破了这一惯例，苗栗县地方政治生态发生新的变化。

在第一届县长选举中，黄刘两派竞争激烈。在第一轮投票中，黄运金得票最多，但未过半数，乃进行第二次投票，结果刘阔才支持的刘定国当选。黄运金立即向法院控告刘定国仍具军人身份，而被判定当选无效。在这种情况下，进行第三次投票选举，黄运金与刘定国均未出面竞选，而有赖顺生、李白滨、黄焜发、黄发盛、张子斌、杨日恩与邱克修等 7 人登记参选，而主要是国民党提名的头份镇大成中学校长赖顺生与青年党提名的铜锣乡文林中学校长李白滨之间的竞争，投票结果，无人过半数，再由得票最多的赖顺生与李白滨进行第四次投票，由于李白滨受国民党的压力，赖顺生得以当选。

在第二届县长选举中，国民党提名刘派支持的刘定国参选，并击败黄派支持的罗春生。到第三届县长选举，刘定国再次战胜黄派推出的县农会总干事何允文（现任县长何智辉的同宗叔公，曾任第一届县议会副议长与第五届议长）而连任。第四、五届县长则是黄派支持的林为恭；第六届县长由刘派的黄文发出任；第七、八届县长为黄派的邱文光；第九届县长选举中，国民党提名刘派的谢金汀，但黄派推出台湾大学政治系的江聪仁“违纪”竞选，谢以 1 万多张选票险胜。在第十届县长选举

① 《中国时报》，2001 年 7 月 17 日。

中，刘派支持的谢金汀当选连任；第十一届县长选举中，黄派支持的张秋华当选。

在1993年第十二届县长选举中，国民党提名现任县长张秋华，民进党提名付文政，而国民党籍的何智辉违纪被开除党籍参选。在选举时，小刘派林火顺投靠黄派，支持何智辉，形成"刘黄联盟"，击败国民党提名的候选人张秋华而当选县长，打破了地方政治生态平衡。

在1997年第十三届县长选举中，竞争更为激烈。三大政党均推出人选角逐。民进党候选人为徐进荣，新党候选人为黄达业；国民党内部矛盾复杂，提名现任县长何智辉连任，而傅学鹏退党参选。其中，主要是何智辉与傅学鹏之争，也是地方政坛"拥何派"与"反何派"之争。何的优势在行政、教育、农会系统，但"将多兵少"；傅学鹏的优势主要在基层群众，是"将少兵多"。尽管李登辉全力支持何智辉，但由于不少地方政坛人士不满何智辉破坏了地方政治规则，支持傅学鹏，特别是刘派陈超明的支持影响最大，使得傅学鹏得以当选。其中何智辉在后龙镇与竹南镇输得最惨。竹南镇的刘派省议员陈超明反对国民党提名何智辉而退出国民党，并指控何智辉妻子王素筠涉嫌一起弊案攻击何智辉；在后龙镇，镇长、前"立法委员"及"刘派"大将刘政鸿联合批评何智辉阻挠后龙科学园区的设立，使何在后龙镇输掉1万多张选票。新党与民进党也对何智辉的政见进行批评，使何得不到民众的普遍支持。在这次选举中，充分显示了地方派系仍具杀伤力，国民党也失去了执政权。在2001年第十四届县长选举中，有4人参选，分别为国民党籍的徐享昆、民进党籍的魏早炳、无党籍的傅学鹏与李佳穆，其中傅学鹏实力最强，历任县议员、省议员及为现任县长，长期在地方经营，具有广泛的社会关系，草根性强，颇获重人性与地域观念的苗栗人认同，同时获得亲民党宋楚瑜等人的支持，结果以13.6万票获胜，且超过国民党与民进党票数之和，充分显示了傅系在苗栗县的实力。

（三）地方政治生态的变化

苗栗县地方派系力量较强，长期左右地方选举与权力的分配，也维持了国民党在苗栗县的执政地位。

在过去县议会选举中，主要为国民党内的地方派系掌控，无党籍力量很小。其中刘派与黄派势力相当，不分上下，但在不同时期情况略有不同。上世纪 90 年代以后县议会选举中，国民党席位仍占绝对多数，但席次在明显下降，民进党席次则不断上升。在 1990 年县议会选举中，新黄派傅系有 21 位，新黄派何系有 14 位，民进党有 2 位。1998 年县议员选举与 1994 年相比，国民党当选席次从 30 席降为 25 席，民进党从 1 席增加为 2 席；新党也首次取得 1 席，而无党籍从 7 席增加为 10 席。其中在 38 名县议员中，傅系人马有 14 名，刘派 6 名。傅系推举刘派的陈添松与叶进南联合竞选正、副议长；何系的前任议长胡振春争取连任。结果，刘派的陈添松与叶进南当选，进一步巩固刘派的势力。在 2002 年县议会选举中，国民党获得 11 席，其余除亲民党 1 席外，全为无党籍，其中许多是地方派系人士。

在基层行政权力结构中，几乎是国民党的天下，主要为刘派与黄派分掌，其他党派几乎没有发展空间。在 1990 年第十二届乡镇市长选举中，刘派占了 18 席中的 10 席，黄派占了 8 席。1994 年第十三届与 1998 年第十四届两届乡镇市选举，国民党均为 14 席，无党籍也均获 4 席，而民进党与新党不但没有席次，甚至也没有派人参选，再度显示国民党及地方派系在苗栗县的基层实力强大。在 2002 年第十五届乡镇市长选举中，国民党取得 9 席，其余全为无党籍，其中不少是地方派系人士。

同属泛蓝的亲民党在苗栗县也有发展。在 2000 年台湾地区领导人选举中，国民党再度分裂，宋楚瑜独立参选，“立法委员”徐成焜也加入宋的阵营，形成一股势力，宋最后获得 16 万张选票。以宋楚瑜为核心的亲民党成立后，成为苗栗县政坛一股重要政治力量，拥有 1 席“立法委员”与 1 席县议员。

党外人士及后来的民进党在苗栗县的发展空间相对有限，直到上世纪 90 年代末，这一情况才发生重要变化。较早进入苗栗县政坛的无党籍人士汤庆松，曾任县议会副议长，后当选省议员，但主要依附在黄派系统内。早期无党派的付添荣与付文政父子也与黄派关系密切。付添荣曾四次参选省议员均告失败，付文政也是参选多次失败。1977 年省议员选举成为一个重要转折点，因国民党提名策略不当，在票源最广的南部山线未提名人选，造成山线地区民众的反弹，于是付文政利用此机会，以党外名义提出“南方团结”的口号，赢得民心，以最高票当选省议员，开创党外势力在苗栗县政坛的先河。在 1981 年的省议员选举中，国民党大刘派的刘国昭、小刘派的林火顺与党外付文政三人竞争，结果付文政与林火顺均当选，党外已连续两届与国民党平分秋色。在接着后两届省议员选举中，付文政均告当选。在1994年底第十届省议员选举中，竞争激烈，刘派推出陈超明，新黄派林佾廷推出儿子林久翔并获老黄派－傅系何智辉支持，新黄派张秋华与徐成焜支持新黄派－傅系的傅学鹏，民进党的付文政与杜文卿同台参选，结果陈超明、傅学鹏与林久翔三人当选，民进党全部败北。

在1995年第三届“立法委员”选举中，国民党籍的何智辉推出他的太太王素筠，新黄派推出徐成焜，小刘派派出刘政鸿，民进党提名陈文辉，新党派出年轻女作家朱天衣角逐，结果，刘派的刘政鸿落选，民进党的陈文辉及国民党的徐成焜与王素筠当选。在1998年第四届“立法委员”选举中，国民党分裂，陈超明退党，徐成焜加入“民主联盟”，国民党则派出各重要派系代表林久翔、刘政鸿、何智辉参选；民进党推出杜文卿与加入“建国党”的陈文辉也展开竞争；加上新党的王培珠与无党籍的吴锦源，竞争十分激烈，但民进党未有人当选。在2001年第五届“立法委员”选举中，民进党才提名杜文卿1人参选，并当选，得票3.5万张，得票率为13.6%。

在县议会与基层权力结构中，民进党进展也不大。在1990年县议员选举中，民进党得到2席，分别是徐木盛与陈文发；1994年第十三届与1998年第十四届也分别只有1席与2席，2001年第十五届更无人当选。在上世纪90年代以后的乡镇市长选举中，民进党还不曾有一人当选，显示其在苗栗基层发展有限。

就整个泛蓝与泛绿力量对比而言，在以客家人较多的苗栗县，泛蓝占有较大势力，泛绿力量最弱。泛蓝阵营占有六届4席“立法委员”中的3席，得票数与得票率分别为15.3万与59.1%；在最新一届县议员与乡镇市长选举中，拥有12席县议员与当选9个乡镇市长；在2000年台湾地区领导人选举中，泛蓝得票数与得票率分别为23.2万与72%。泛绿阵营只有1席“立法委员”，整体得票数为5.3万，得票率为20.5%；在2000年台湾地区领导人选举中，得票数与得票率分别为8.8万与26.8%。

二、桃园县政治选票分析

桃园县位于台湾岛西北部，面积1221平方公里，是台湾全省面积最小的一个县；人口176.3万人（2001年底），则是台湾省第二人口大县。下辖4市（中坜市、桃园市、八德市与平镇市）2镇（大溪镇与杨梅镇）7乡（观音乡、新屋乡、复兴乡、龟山乡、芦竹乡、大园乡、龙潭乡），共计13个乡镇市。其中，复兴乡是唯一的山地乡。县治设于桃园市。

桃园县曾是台湾农业大县，现在则是工业大县，有工厂企业4600多家，以石油冶炼、化学、制药、橡胶制品等为主，工厂主要分布在桃园市、中坜市与杨梅镇。台湾最大的国际机场即为该县的桃园中正机场，对外交通便利。

桃园县客家人较多，社会结构特殊，对本县政治生态具有重要影响。

（一）地方社会结构

桃园县是福建、广东移民开垦之地，也是客家人居住最为集中的地区之一，从而影响着桃园县社会结构与政治生态。在当今桃园县的重要选举中，除一对一的重要单一选举取决于政党因素外，其余多名额民意代表选举，则主要取决于宗亲、族群与派系力量，受政党因素影响力相对较小。

桃园县人口结构在地域分布上比较特殊，形成独特的地域政治文化，即“北闽南客”的社会结构。除复兴乡为山地乡外，其余12个乡镇市，分为南北两区。北区以桃园市为中心，包括桃园市、八德市、龟山乡、大溪镇、芦竹乡及大园乡6个乡镇市，居民多为闽南人。北区外来人口多，选民游离性大，桃园市约有三分之一的人不具地域观念。南区以中坜市为中心，包括中坜市、平镇市、杨梅镇、龙潭乡、新屋乡与观音乡等6个乡镇市，居民多为客家人，基本呈现“部落型政治生态”，同宗、同乡观念强烈。

此外，上世纪40年代末起，随国民党来台的“外省人”显著增加，成为桃园县另一重要群体。因此，桃园县的人口结构主要区分为闽籍、客籍与“外省人”三部分，分别约占总人口的38%、35%与26%，原住民约占1%（也有报道认为桃园县三大族群人口比例约为4:4:2）。其中，闽、客是两大基本族群，占据地方主要经济与政治资源，外省人力量相对较小。

这种“两大一小”的社会结构影响着台湾的地方政治选举与权力分配。闽客两大群体长期掌控了桃园县的政治权力。在第一、二届县长选举中，日益激化的南北闽客矛盾十分突出，引起地方政坛人士的忧虑。于是在1954年第二届县长选举结束后，在县长徐崇德的努力下，北区与南区派系头面人物经协商达成一条不成文的“君子协定”：在北区人士担任两届县长后，轮流给南区人士当选两届，如此循环；在北区闽南人担任县长期间，议长则由南区客家人担任，副议长则为闽南人，反之亦然。因此在桃园县政治资源的分配上，自第三届县长选举开始，长期形成县长、议长“南客北闽轮流当政”的不成文规定与传统，因此在前12届县长选举结果中，县长一职，北区与南区各占6届，且每区连任两届。在历届省级以上民意代表选举中，国民党提名席次也以“南北平衡”为基础。

三个主要社会群体有不同的支持对象。一般来说，早期三个群体均是国民党的支持群众，权力之争在国民党内部分配。民进党成立后，有相当部分闽籍及客籍群众转向支持民进党，国民党群众力量在削弱。新党成立后，因其被定位为代表外省人利益的政党，从而获得外省人群的支持，原国民党的所谓“铁票部队”的军眷村票源大多流向新党，使新党在桃园县发展较快。亲民党成立后，又取代新党赢得在桃园县的基本支持群众。

闽客族群在各项民意代表选举中，基本上平分秋色。在客家人居住较多的桃园县，宗亲力量比较强大。客家人的发展史形成一种独特的文化，宗族观念深厚，重视团结，凝聚力强，从而在桃园县形成较强的宗亲势力，其宗亲认同超越党派认同。主要宗亲力量包括刘姓、黄姓、吴姓、邱姓、吕姓、张廖简三姓、彭姓、陈姓与林姓等。

黄姓的大家长原是黄崇鹏。黄崇鹏过世后，以前“立法委员”黄主文、前省议员黄木添为首。黄姓宗亲人多势众，曾在县议会有较大势力，先后有三位黄姓人士任县议会议长或副议长。黄主文更是曾连续六次当选“立法委员”，后任“内政部长”等，成为李登辉执政后期的亲信。国民党失去政权后，黄主文退出国民党，主导成立“台联党”，并为首任党主席。前省议员黄木添曾代理黄氏宗亲会理事长，1993 年自行参选县长而被国民党开除党籍，成为反对党势力，并于 1994 年当选省议员。前省议员黄玉娇也是桃园县长期有影响的在野人物，曾因自行参选县长而被国民党开除，变为反对势力，后成为民进党的重要力量。另一重要人物为黄金德，后加入“台联党”，参加第五届“立法委员”选举失败。黄姓宗亲也有 3 万多票的实力。

吕氏宗亲势力有 4 万多票的实力，重要成员包括前“国大代表”吕河清，第二、三、四、五届“立法委员”吕新民，前省议员吕进芳与吕吉助等。吕氏宗亲选举投票认宗亲而不完全认同政党。在第十二届补选及第十三届县长选举中，吕姓宗亲均支持民进党籍的吕秀莲当选，同时在“立法委员”选举中支持国民党的吕新民当选。另外，吕姓宗亲的吕河清曾是中坜市政坛两大派系之一。

张廖简宗亲会是一个多姓组合的宗亲会，其成员有 8 万多人，主要代表人物有张贵木等。与彭姓宗亲会关系密切，均具有浓厚的民进党色彩，对国民党认同度不高。彭姓宗亲以彭添富为代表，连任数届“立法委员”。另有民进党籍前“立法委员”彭绍瑾、前“国大代表”彭有枝等人。彭姓宗亲人数虽不多，但凝聚力强。在第三届“立法委员”选举中，彭绍瑾得到 6 万多票而当选，而张廖简宗亲会支持的国民党候选人张昌财只得 3.6 万多票。不过，简姓宗亲已分离，成立了简姓宗亲会。

邱姓宗亲以邱垂贞与邱创良为代表。两人虽属不同政党，却经常相互支持。邱垂贞是民进党要员，已连任第二、三、四、五届“立法委员”。邱创良曾是国民党地方势力代表，先后任县议会副议长与省议员，1998 年当选第四届“立法委员”，后来加入亲民党，当选第五届“立法委员”，在地方颇具影响力。邱姓宗亲也有近 5 万票的支持。

林姓宗亲约有 6 万多人，前“国大代表”林木连曾是地方有影响的人物，是上世纪 70 至 80 年代掌控中坜市政坛的领袖人物之一。目前林姓宗亲代表人物是林传国，曾任县议会副议长，1998 年当选县议会议长。

刘氏宗亲势力主要在桃园南区，组织庞大，能征善战，在政坛影响较大。其中以前县长刘邦友家族颇具影响力。台面人物还有前“立法委员”刘兴善。2001年，刘氏宗亲的刘东隆参选“立法委员”，虽然落选，但仍取得2万多票。李氏宗亲会在地方也有较大势力，著名人物有台湾农田水利会会长李总集、前“监察委员”李诗益等。李诗益与李登辉是大溪鸿喜山庄的邻居，关系良好；其兄长李诗旺是台湾的砂石大王，财力雄厚。

吴姓宗亲也是桃园县一大宗亲势力，以吴伯雄家族最为有名。另外政坛代表还有连任第三、四届“立法委员”的吴克清。吴姓宗亲约有3万票的实力。

许姓宗亲以民进党的许信良与许国泰家族影响最大。许信良曾任民进党主席，后因不满民进党“总统”选举提名而退出民进党，成为民间政治团体“山盟”的负责人。其妻钟碧霞当选第四届“立法委员”。许信良之弟许国泰曾在政界多年。

陈氏宗亲是桃园县第一大姓，也是最大的宗亲势力，早期以桃园县省议员陈进祥为代表。1998年，国民党的陈根德参选第四届“立法委员”，一举拿下6万多票当选。在2001年“立法委员”选举中，陈根德又以4万多票当选，民进党籍的陈宗义以4.9万多票当选，显示陈氏宗亲势力庞大。

由上述观察，闽客族群、地域观念、宗亲传统与基层权力共同构成桃园县独特的社会结构特征。

（二）地方派系概况

桃园县的地方派系主要是由台面上的公职人员挂帅，再结合宗亲势力而成。按台湾学者陈明通的划分，桃园县派系包括北区老派、北区中立派、北区亲客家派、北区新派、南区中坜吴派、南区张芳燮派、南区叶寒青派、南区中坜刘派等8个派系，南北各半。目前，北区实力派为早期徐崇德领导的老派、后来陈长寿领导的中立派与许新枝为代表的北区新派。南区的实力派系主要为吴伯雄家族为代表的吴派与前县长刘邦友为代表的刘派。

桃园县没有跨全县的大派系力量存在，主要是以地域与宗亲势力为代表的小型派系，其力量大多分散在各乡镇市农会、水利会及县议会与县政府机构等组织，因此地方派系发展具有兴衰无常的特性。

1. 北区地方派系

有的学者将北区派系分为老派、中立派、亲客家派与新派等四派，有的学者则划分为老派与新派两派。

老派。主要是指上世纪 70 年代以前桃园县北区的地方政坛领袖人物（包括徐崇德、简欣哲、张富、陈长寿、李发与李天仁父子等人）所领导的一支地方势力。张富曾任第一、二届县议会议长，徐崇德曾任第一、二届县长，是早期最有实力的派系人物；陈长寿曾任第五届县长（有学者将其归为北区中立派）。老派区域性联合或独占经济集中在台湾省樟脑运销合作社、桃园市信用合作社，同时参与投资经营部分企业。随着社会的发展与资源的重新分配，现在北区老派势力已大大衰落。

新派。早期重要人物包括了许新枝、吕学仪、李诗益、徐鸿志、李总集、吕吉助、吕进芳、何宝珍等人。新派最初领导人许新枝先后担任过桃园县议员、桃园镇长、省议员、第六届桃园县长、省政府委员兼民政厅长、"内政部政务次长"等职，影响力甚大。目前，李诗益、李总集与吕吉助等仍具影响力。

另外，北区亲客家派最初领导人为许三桶。许曾任第六、七届县议会副议长。主要势力集中在桃园市农会、大溪镇农会、桃园市信用合作社、大园乡合作社等，现在该派也不复存在。

2. 南区地方派系

南区主要有 6 个山头势力，即吴派、叶派、张派、林派、邱派、刘派。其中目前以吴派与刘派力量较大。

吴派。以中坜市为中心，以吴伯雄家族为代表。早期吴派代表人物是吴鸿森、吴鸿麟兄弟。兄长吴鸿森曾任县参议员、台湾省参议员及终身职第一届"国大代表"。弟吴鸿麟曾出任第二届县议会议长与第四届县长。在台湾光复初期，桃园、新竹、苗栗均属新竹县，吴氏兄弟同时当选为县参议员，奠定了吴家在桃园、新竹与苗栗地区的政治基础。吴伯雄的舅父林为添也曾任苗栗县长。第二代以吴鸿麟之子吴伯雄为代表。吴伯雄曾任省议员与第七届县长，后被提升到省与国民党中央发展。1982 年，吴伯雄出任国民党中央秘书长，1984 年出任"内政部长"，成为桃园县跻身上层政治舞台的领袖人物，目前为国民党主席。吴姓宗亲代表人物还有第四届议长吴文全，第十、十一届县议长吴智烈，第十二届议长吴振，第三、四届"立法委员"吴克清。

吴派区域性联合或独占经济主要集中在龙潭乡农会、新竹中小企业银行、桃园汽车客运公司、第一银行、土地银行、彰化银行、华南银行等。投资经营的企业主要有中坜医院、新国民综合医院、新生医院、中台实业、优美集团、信东化工等。

刘派。也以中坜市为发源地，主要以刘氏宗亲为势力，代表人物为刘家兴、刘兴善与刘邦友等。刘家兴曾任第四届中坜镇长及第二届中坜市长；刘兴善曾为增额“立法委员”与桃园县农田水利会代表，后因学历所限不能再参选而推出儿子刘邦友担任农田水利会代表，刘邦友从此进入政坛，曾先后任第六、七、八届省议员与第十一、十二届县长。刘邦友在桃园政坛的崛起依靠的就是宗亲与派系。刘邦友在政坛发展20多年后，其势力早已跨出南区，成为全县范围的大派系。他也因此结交了各式各样的三教九流的朋友，在各行各业特别是利益丰厚的建筑、营造与娱乐界均有他的朋友与势力。但因利益分配问题，刘邦友于1996年11月被人杀害，刘派受到重挫。另外刘派代表人物还有刘兴枋、刘利境、刘守箴（前县议员）等。

张派。最初领导人为张芳燮，杨梅镇人，曾任两届临时省议员与第三届县长。张派投资较多企业，与银行关系密切，现在势力不大。

叶派。最初领导人为叶寒青。叶曾任两届县议员和四届省议员。另一代人物谢士枝曾任两届县议员。早期势力主要在观音乡农会，现在力量不再。

林派。代表人物包括第一、二、三届中坜镇长林添奎，第三、六届中坜市长林焕发。林派曾一度占据桃园县南区半数的市镇长宝座。

邱派。主要代表人物有邱垂贞、邱鸿才、邱旺才、邱秀枝、邱秀谋与邱创良等。目前该派系整合程度不高，在政党政治发展下逐渐分化，邱垂贞为民进党的重要代表，邱创良曾为国民党的代表，后加入亲民党，现又成为无党籍。

地方派系在选举中一直具有重要影响。以历届“立法委员”选举观察，1972年到1992年，地方派系平均得票率为48.1%；在2001年“立法委员”选举中，吴姓、吕姓、彭张姓、邱姓、黄姓与许姓等宗亲家族派系都有代表参选，这些地方派系的得票率仍达46.8%。可见，宗亲或地方派系在桃园县选举中是一支重要力量。

（三）地方权力之争

桃园县地方权力之争主要是县长权力之争。县长权力确定之后，议会正、副议长也在不成文的权力分配规则下得以确定。

在第一届至第十二届县长选举中，桃园县形成了南北轮流执政的传统，且每两届一轮换，北区与南区各当选6次，也即闽南与客家人各当选6次。不过，这种权力轮流均是国民党内部的权力分配，桃园县也一直由国民党执政。

在第一届县长选举中，有6位候选人，分别为龙潭乡的徐言、芦竹乡的徐崇德、桃园镇的陈阿头、大溪镇的黄宗头及黄又安、魏肇润。第一次投票没人过半，再由得票较高的北区闽南人徐崇德与南区客家人徐言进行第二次投票选举。这是一场典型的北闽与南客的大对决，竞争十分激烈。最后北区的徐崇德以微弱多数获胜。徐崇德在连任第二届后，按南北双方达成的不成文规则，第三、四届县长分别由南区的客家人张芳燮与吴鸿麟出任县长；第五、六届县长则分别由北区的闽南人陈长寿与许新枝出任。

在1973年第七届县长选举中，南区的客家吴派推出第二代的吴伯雄参选，黄氏宗亲的黄玉娇也投入选举，但黄玉娇因藏匿票据罪坐牢8个月，使得县长候选人只剩下吴伯雄一人参选，从而顺利当选，是年吴伯雄33岁，成为台湾历届县市长中最年轻的县长。任期未满，吴伯雄被提升为台湾省烟酒公买局局长，县长由客籍的省政府委员翁钤代理。

在1977年第八届县长选举中，按惯例，仍由南区人士出任。于是同为中坜地区客家人的许信良与欧宪瑜展开角逐，竞争激烈，被称为“欧许之战”。由于在国民党县长参选提名中，吴伯雄未支持堂兄吴运丰，而支持同学与前任县长时的重要干部欧宪瑜，遭到吴鸿森与吴运丰父子的抵制。许信良争取党内提名失败后，退出国民党竞选，结果高票当选。许信良也逐渐转向党外，党外势力迅速壮大。吴派势力因内部矛盾而大受影响。

在前两届激烈竞争后，又开始南北轮流执政的传统。即在第九、十届县长选举中，北区客家人徐鸿志连续当选两届；到第十一届与十二届县长选举，南区的刘邦友当选并连任两届。其中在第十二届县长选举中，竞争已十分激烈，刘邦友获国民党提名争取连任，黄木添退党参选，民进党提名张胜勋竞争。其中，刘邦友得到地方社团（如青商会、狮子会、扶轮社及水利会、农渔会等）、妇女界（刘夫人彭玉英任县妇联会主委）、宗教界与眷村民众等的支持，刘邦友最后以超过对手2万多票当选。黄木添则获得黄姓宗亲的支持，也获得13万张选票。黄姓宗亲拥有十分之一的县议员和黄姓乡长，成为桃园县一股强大势力。张胜勋则获民进党的大力支持，得票率达到36%。

此后，由于政党政治的发展，民进党势力的迅速崛起。刘邦友任内，于1996年被人杀害，进行县长补选。由于该案涉及国民党的黑金政治内幕，国民党的形象受损，代表民进党的吕秀莲获得大胜，获得32万多张选票，超过国民党候选人10万多张选票，国民党再次失去桃园县执政县权，原地方派系南北轮流执政的格局被打破。在1997年第十三届县长选举中，竞争更为激烈，民进党的吕秀莲、国民党的陈根德与社会改革党的徐运德角逐，但主要是国、民两党的竞争。吕秀莲不仅获得民进党的支持，也获得吕氏宗亲的支持。选举结果，吕秀莲以37.6万张选票再次当选，国民党的陈根德以28.7万张选票、少吕10多万张选票败北。在2001年第十四届县长选举中，国民党提名的朱立伦与民进党提名彭绍瑾展开竞争，结果，国民党的朱立伦以44.2万票战胜民进党的候选人，夺回桃园县的执政权。由此可见，政党政治已成为桃园县政坛的主导力量。

（四）地方政治权力结构的变化

桃园县地方政治权力结构中，民进党力量发展较快，与国民党实力日益接近，其他党派力量相对较小。

1. 党外势力与民进党的发展

桃园县一直是党外力量较强的一个县。其中，在1977年县长、省议员、乡镇市长和县议员选举中，党外新兴势力兴起，形成所谓的“桃园帮”。其核心人物、新当选的县长许信良虽为国民党党员，但却支持党外，其成员包括其弟“立法委员”许国泰、简锦益、林清松、黄玉娇、吴仁辅、黄金春、黄俊民、范巽绿、徐松川、卓庆东、许应深、张富忠、林正杰、许义雄等人，邱垂贞、吕秀莲稍后加入，这些人大多是党外人士。许信良后因政治改革言论脱离国民党，并于1978年流亡海外，他的弟弟许国泰成为“桃园帮”核心人物。在1978年的省议员选举中，“桃园帮”大胜，当选该县应选5席中的3席，分别是黄玉娇、简锦益与林清松，党外势力一度达到高峰。“桃园帮”后来尽管因选举等多种因素而解体，但对桃园县政治生态影响巨大。特别是民进党成立后，不仅原党外人士成为其骨干，而且不少国民党党员精英加入民进党，如张贵木、郑宝清、陈宗仁与陈宗义兄弟等。

在民进党内部，也存在着派系与山头势力。一是许信良家族，被称为“许家班”，它是以宗亲、血缘为认同，以感情为动员的一股势力，其基地就是许信良故乡的中坜市过林里周围的客家村社。其重要支持者包括观音乡农会理事长王金春、前观音乡长许金灿、前大溪镇镇长林熹达、大园乡前乡长林清松、前省议员简锦益等人。吴伯雄的侄子吴仁辅是幕后支持许信良的金主。许信良的同学袁阿井经商有成，也一直支持许信良的政治活动。二是与许家相对抗的是以彭添富、张贵木结盟的“彭张集团”。三是从民进党中分离出来黄玉娇一系。可见，民进党在桃园县有较强的势力。

民进党在桃园县“中央”级民意代表选举中，也同国民党势力相当。在1992年第二届“立法委员”选举中，曾担任桃园县民进党党部主任的邱垂贞在“许家班”的支持下以第三高票当选，吕秀莲也当选“立法委员”；在1995年第三届“立法委员”选举中，民进党总计拿下3席，分别是邱垂贞、吕秀莲与郑宝清，与国民党平分秋色。在1998年第四届“立法委员”选举中，民进党在12席中因内部提名矛盾与斗争只获得4席，分别为许信良之妻许钟碧霞、郑宝清、彭绍瑾与邱垂贞，得票数为21.7万票，得票率为32.3%，较上届略有下降，但仍是仅次于国民党的一大政党。在民进党执政后的第一次也即第五届“立法委员”选举中，民进党当选13席中的5席，分别为邱垂贞、彭添富、陈宗义、郭荣宗与李镇楠，得票数为27万张，得票率为34.4%，居各政党之首。

在县级政权中，民进党不仅曾掌控了县政府，而且在县议会的力量也在增加。在1998年的县议员选举中，民进党拿下57席中的10席，较上届增加了3席；得票率从14.2%增至19.2%，桃园县成为民进党议员最多的县份之一。在2002年县议员选举中，由于民进党执政后经济不景气，选举受到影响，民进党当选议员只有6席，较上届减少4席。民进党在桃园县的基层势力相对较弱。在1998年乡镇市长选举中，民进党当选3席（分别为观音乡连任的郭荣宗、芦竹乡的李清彰与桃园市的陈宗义），较上届增加2席；得票率从20.5%增至25.1%；在2002年乡镇市长选举中，民进党当选4席。其同盟军“台联党”，在桃园县基层势力更弱，尚未进入县议员与乡镇市级权力机构之中。

2. 国民党及泛蓝军在桃园县势力较强

在“中央”级民意代表中，国民党基本上保持相对多数。在1995年第三届“立法委员”选举中，取得8席中的3席，得票率首次低于半数，在桃园县出现了“三党不过半”的政治结构。其中，有军方背景支持的朱凤芝得票为全县第一名。在1998年第四届“立法院”选举中，国民党拿下12席中的7席，分别为朱凤芝、陈根德、郑金玲、吕新民、吴克清、朱立伦与黄木添，超过半数，得票数达31.7万票，得票率为47.3%，显示了国民党在桃园县仍有较强的实力。2000年台湾地区领导人选举结束后，亲民党成立，影响了国民党的发展，但同属泛蓝军的一部分。在2001年第五届“立法委员”选举中，国民党获得总计13席中的5席（分别为杨丽环、张昌财、朱凤芝、陈根德与吕新民），与民进党相同，若加上亲民党的2席（郑金铃与孙大千，当选后的邱创良后退出亲民党），泛蓝军有7席。

在县议会与地方基层，国民党及泛蓝军仍居主导地位。在1998年县议员选举中，国民党拿下57席中的32席，较上届增加2席，得票率从58.81%降为45%；在2002年县议员选举中，国民党获得58席中的27席，仍居各政党第一位。在1998年桃园县13个乡镇市长选举中，国民党取得9席，与上届持平，但得票率从65.6%降为49%；在2002年乡镇市长选举中，国民党仍有8席。以上情况均显示，国民党在基层仍居优势，但支持群众（得票率）在持续下降。

国民党势力下降的一个重要因素是新党与亲民党的先后成立。新党曾在桃园县有一定发展。外省籍人口占桃园县人口的20%，眷村票约有13万张，是新党的重要支持者。在“中央”级民意代表选举中，有一定支持群众。在1995年的第三届“立法委员”选举中，新党总得票数达11.6万张，得票率达18%，在桃园县8个“立法委员”名额中取得2个，分别是郁慕明与赖来焜。在1998年第四届“立法委员”选举中，新党全军覆没，得票数不足5万，得票率为7.1%。这也显示新党势力与国民党势力在桃园县有此消彼长的特点。在县级以下选举中，新党力量较小。在1996年年底的县长补选中，新党因内讧不断，得票数迅速下降，只取得4.5万张选票；在1997年第十三届县长选举中，更没有推出候选人。新党在基层的势力仍相当薄弱，在1998年乡镇市长选举中，新党只有1人参选，没有取得一个乡镇市长的执政权，得票率只有0.5%；在同年的县议员选举中，新党当选2人，得票率从上年的2.4%提高为5.2%。

2000年亲民党成立后，逐渐取代新党在桃园县的势力，国民党的实力受到一定影响。宋楚瑜在2000年台湾地区领导人选举中，在桃园县获得41.3万票，均超过了国民党与民进党的得票，显示了亲民党在桃园县具有相当实力，其中得到新党群众与国民党部分群众的支持。原国民党籍的"立法委员"郑金玲与无党籍"立法委员"邱创良加入亲民党阵营，削弱了国民党的力量。同时在2002年县议会选举中，亲民党一举拿下8席，超过民进党2席，成为桃园县议会第二大党。未来新党、亲民党与国民党的互动对桃园县选情与政治生态具有重要影响。

把国民党、亲民党与新党作为一个整体观察，桃园县仍以泛蓝军占有较大优势。在2000年台湾地区领导人选举中，泛蓝军得票数达62.3万票，得票率达66.1%；在2001年"立法委员"选举中，泛蓝军得票数达43.4万票，得票率达47.2%。在基层，泛蓝军的势力更远超过泛绿军。

第五章　农渔会——农渔民权益代言人

第一节　农渔会组织的宗旨及任务

一、农会组织的宗旨及任务

台湾农业“自我服务”主要是以农会的组织出现，“以农民为中心，以农有、农治、农享为理想的农民自己组织的民主自治团体”。① 其宗旨是：保障农民权益，提高农民知识技能，促进农业现代化，增加生产收益，改善农民生活，发展农村经济。

农会组织在服务农民与协助农业政策推广方面扮演了相当重要的角色。按照“农会法”的规定，各级农会的任务是：(1) 保障农民权益、传播农事有关规定及调解农事纠纷；(2) 协助有关土地农田水利之改良、水土之保持及森林之培养；(3) 优良种籽及肥料之推广；(4) 农业生产之指导、示范、优良品种之繁殖及促进农业专业区之经营；(5) 农业推广、训练及农业生产之奖助事项；(6) 农业机械化及增进劳动效率有关事项；(7) 辅导及推行共同经营、委托经营、家庭农场发展及代耕业务；(8) 农畜产品之运销、仓储、加工、制造输出入及批发、零售市场之经营；(9) 农业生产资材之进出口、加工、制造、配售及会员生活用品之供销；(10) 农业仓储及会员共同利用事业；(11) 会员金融事业；(12) 接受委托办理农业保险事业；(13) 接受委托协助农民保险事业及农舍辅建；(14) 农村合作及社会服务事业；(15) 农村副业及农村工业之倡导；(16) 农村文化、医疗卫生、福利及救济事业；(17) 农地

① 彭一艺、邱小文：《台湾农会自我服务及对福建农业服务体系建设的启示》，《台湾农业探索》，1997 年第 4 期，福建省农业厅。

利用之改善；（18）农业灾害之防治与救济；（19）代理公库及接受有关方面或公私团体之委托事项；（20）农业旅游及农村休闲事业；（21）经主管机关特准办理之事项。①

从“农会法”规定的任务来看，足见台湾当局对农会的重视程度，以及农会在台湾农业发展中的重要地位和重要作用，如在农产品运销中，农会不仅是农产品批发市场的经营主体之一，而且也是农产品批发市场的主要供应人。1994 年，农会运销毛猪 414 万头，占市场交易量的 62.8%。同时，农会还建立了 100 多家超市，开展农产品直销业务。②

二、渔会组织的宗旨及任务

（一）宗旨

依照“渔会法”第一条的规定，台湾渔会的宗旨是“保障渔民权益，提高渔民知识，技能，增加渔民收益，改善渔民生活，促进渔业现代化并谋其发展”。长期以来，台湾的渔会组织在落实渔业政策，提高渔民福利等方面，处于基层工作的第一线，为台湾渔业的发展作出了重要贡献。

（二）任务

表 5.1　渔会的任务

直接办理事项	1. 保障渔民权益，传播渔业法令及调解渔事纠纷。2. 办理渔业改进及推广。3. 水产品之进出口、加工、冷藏、调配、运销及生产地与消费地批发、零售市场经营。4. 渔用物资进出口、加工、制造配售、渔船修造及会员生活供销。5. 会员金融事业。6. 渔村文化、医疗卫生、福利、救助及社会服务事业。7. 倡导渔村副业、辅导渔民增加生产，改善生活。8. 倡导渔村及渔业合作事业。9. 渔村及渔港旅游、娱乐渔业。
配合办理事项	1. 渔民海难及其他事故之救助。2. 渔民组训。3. 保护水产资源。
协助办理事项	1. 设置、管理渔港设施或专用渔区内之渔船航行安全设施及渔业标志。2. 设置、管理国外渔业基地，及有关国际渔业合作。3. 渔村建设。4. 海防安全。5. 防治渔港、渔区水污染。6. 渔民保险事业。
受托办理事项	1. 报导鱼汛、渔业气象、渔船通讯。2. 会员住宅辅建。3. 渔业保险事业。4. 接受“政府”或公私团体之委托事项。
特准办理事项	经主管机关特准办理之事项。

资料来源：依黄异《现行渔会组织之探讨》（1996）与 2004 新修订之“渔会法”整理。

---

① 张强、胡登洲：《台湾的农会组织》，《中国农村经济》，1996 年第 3 期。

② 朱立军、王涛：《台湾农会组织及其对我国农业发展的启示》，《安徽农业大学学报》（社科版），2000 年第 2 期。

渔会执行以上任务，应在法定范围内采取各种可能的措施，但台湾“渔会法”第五条对于渔会应采取的措施有如下明确规定：1. 渔会为办理各项事业，应组织共同经营机构，来进行联合经营，共同经营的机构在性质上为法人；2. 渔会为办理水产运销业务，应在生产地与消费地设置批发市场；3. 渔会为办理渔会保险及协助渔业保险，应设保险部；4. 渔会为办理会员金融业务，应设立信用部。

依照台湾“渔会法施行细则”的规定，渔会应采取下列措施执行其任务：

1. 渔会办理报道渔汛、渔业气象及渔船通讯业务，应设置渔业广播电台及渔业电台；2. 渔会为办理水产品加工、冷藏、渔用物质进口、加工、制造、配售及渔船修造事项，应设立各类加工厂、制造厂、冷藏库、制球厂及渔船修造厂；3. 渔会为办理渔用物资进口、配售及会员生活用品供销业务，应设立门市部；4. 渔会为协助设置、管理国外渔业基地，应辅导在各基地作业的渔船主，组织各基地运营小组，策划运营事项，并选派专人驻各远洋渔业基地服务；5. 渔会接受委托办理渔船通讯、配合渔民培训及协助海防安全，应设置单位或人员办理：6. 渔会为办理改进、推广、渔村文化，医疗卫生，福利，救助，社会服务，倡导渔村副业，辅导渔民增加生产；7. 协助渔村建设，接受委托办理会员住宅辅建及配合渔民培训事项，应组织渔事研究班、四健会、家事改进班及其他有关组织。

第二节　“渔民至上，服务第一”——高雄区渔会透视

“大西洋鱼类资源保育委员会”（ICCAT）第十九届年会决议，2006 年台湾在大西洋大目鱿鱼获配额将自 14900 公顷减为 4600 公顷，删减幅度近七成，估计渔获售鱼营收损失近 20 亿元，此严重的国际渔业制裁，重创台湾远洋鱿鱼业；台湾最大宗的鱿鱼远洋渔船所在地——高雄，在这种情况下更是首当其冲。另者，加入 WTO 之后，台湾面临进口渔产品的正面冲击，在海洋资源的渐渐枯竭，台湾渔业人口资源匮乏以及海岸污染的情形下，渔业也开始努力往另一层面发展而走向转型

之路，不再只是一般单纯的渔业活动。有鉴于此，高雄区渔会即有转型计划，如推广高雄远洋渔业的特产三宝：鲔鱼、鱿鱼与秋刀鱼，成为高雄市的另一代表性特产，另一方面也能够朝着现代养生食品与保养品方面的生物科技发展；规划利用渔会现有的资源——渔会闲置仓库、渔民使用的渔具、渔会本身的观光鱼市等，寻求渔会转型休闲渔业的可行性。

一、缘起与任务

（一）缘起

高雄区渔会缘起如下表所示：

表 5.2　高雄区渔会发展简表

光复前	
1934 年	合并改组为“高雄渔业会”
1925 年	设立“中洲渔业组合”
1924 年	设立“旗后渔业组合”
1921 年	鼓山地区成立“高雄渔业组合”
光复后	
1976 年 6 月	依照“修正渔会法”改组为高雄区渔会
1955 年	依照“台湾省各级渔会改进办法”实施改进
1951 年 6 月	市渔会及各区渔会，合并改组为高雄区渔会
1950 年	依“各级渔会合并改组办法”，市渔业生产合作社联合社并入市渔会，各区渔业生产合作社改组为区渔会
1949 年	设立援中港渔业生产合作社
1948 年	设立苓雅渔业生产合作社
1946 年	依渔会法，将“高雄渔业会”改组为“高雄市渔会”，同年底，依照“合作社法”，将高雄市渔会经济事业部门划出，分别设立鼓山渔业生产合作社、旗后渔业生产合作、中州渔业生产合作社、市设渔业生产合作社联合社。

（二）任务

1. 保障渔民权益，传播渔业法令及调解渔业纠纷。

2. 协助办理渔业改进、推广。

3. 协助办理渔民海难救助。

4. 接受委托，办理报导鱼汛、渔业气象及渔船通讯。

5. 协助设立专用渔港或专用渔区内之渔船航行安全设施及水上标志。

6. 办理水产品加工、冷藏、调配、运销及生产地与消费地鱼市场经营。

7. 办理渔用物质进口、加工、制造、配售、渔船修护及会员生活用品供销。

8. 协助设立远洋渔业基地。

9. 办理会员金融事业。

10. 办理渔村文化，医疗卫生、福利、救助及社会服务事业。

11. 倡导渔村副业、辅导渔民增加生产，改善生活。

12. 倡导渔村及渔业合作事业。

13. 协助渔村建设及接受委托办理会员住宅辅建。

14. 配合渔民组训及协助海防安全。

15. 协助办理保护水产资源。

16. 协助办理渔民保险及渔业保险事业。

17. 接受“政府”或公私团体之委托事项。

18. 经主管机关特准办理之事项。

二、组织体系及宗旨

（一）高雄区渔会组织体系

1. 该会为人民团体，属公益社团法人组织，主管机关在“中央”为“行政院农业委员会渔业署”，在地方为高雄市政府海洋局，但各目的事业则受各该事业的主管机关指导与监督。

2. 会员分甲类会员、乙类会员以及赞助会员（个人、团体）三类。

甲类以直接从事渔业劳动者属之。乙类以从事渔业经营、渔业改良研究、推广工作者属之。

个人及团体赞助会员以从事渔业相关事业或团体者属之。

3. 该会最高全力机构为会员代表大会，会员代表由会员选举产生，再由会员代表选举理、监事分别组成理事会与监事会。理事票选理事长，监事票选常务监事。理事会聘任总干事为本会负责人，执行理事会决议案及本会一切日常会（业）务。

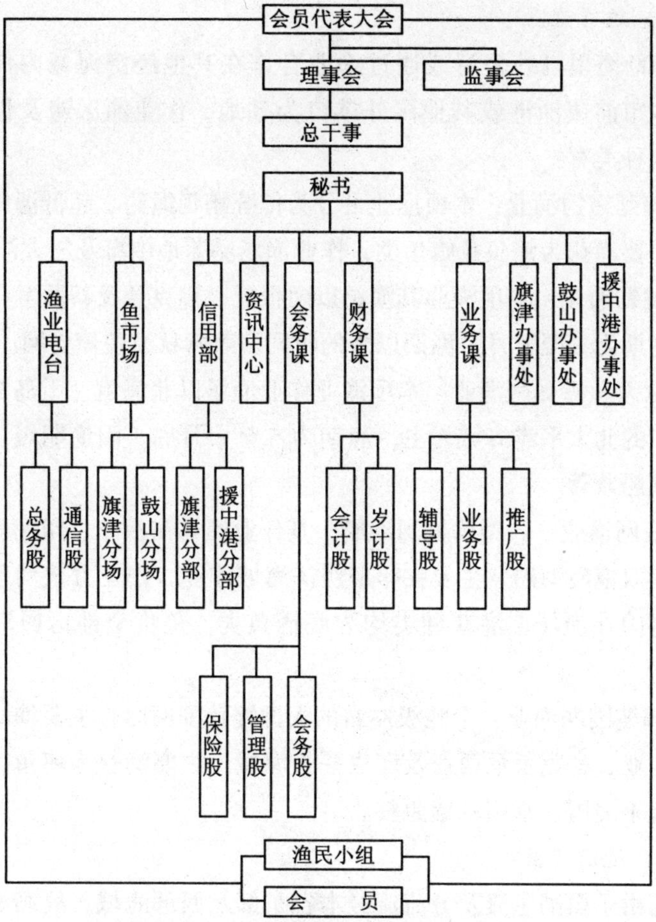

图 5.1 高雄区渔会组织体系图

4. 该会目前设有会务课、业务课、财务课、资讯中心、鱼市场（鼓山分场、旗津分场）、渔业专用电台、信用部（旗津分部、援中港分部），另在各渔村设有鼓山、旗津、援中港等三个办事处为偏远渔村渔民办理各项服务工作。

（二）高雄区渔会宗旨

以保障渔民权益，提高渔民知识技能，增加渔民生产收益，改善渔民生活，促进渔业现代化，并谋其发展为宗旨。

三、该区渔业作业分类

本属渔业大致可分为远洋、近海、沿岸、养殖等四大类：

（一）远洋渔业

在200海里以外公海或通过渔业合作在其他经济海域内作业的渔船，以本市前镇渔港或其他国外港口为基地，作业渔区遍及世界三大洋。主要种类有：

1. 鲔延绳钓渔业：本项渔业可分为传统鲔延绳钓、超低温鲔延绳钓两种，主要渔获为鲔魚及旗鱼类，作业渔场涵盖地中海及三大洋。

2. 鱿钓渔业：本项渔业其渔场以阿根廷、福克兰及新西兰一带海域为主，渔期为二至五月，渔期以外的时间多兼营秋刀鱼棒受网。

3. 秋刀鱼棒受网渔业：本项渔业作业渔场以北海道、千岛群岛、库页岛以东的北太平洋海域为主，渔期为八至十月底，因渔期短，故全部系鱿钓渔船兼营。

4. 拖网渔业：大型单拖网渔船，其作业渔场在南非、印度等国的经济海域；双拖网渔船，主要在印尼经济海域作业，作业方式均通过渔业合作取得国外渔场，渔获种类均为底栖鱼类，鱼货全部运回岛内市场销售。

5. 鲣鲔围网渔业：千吨级左右的大型鲣鲔围网船，主要渔场在巴布亚新几内亚、密克罗尼西亚及印尼一带海域，主要渔获为鲣鱼、黄鳍鲔等，均售于美国、泰国制罐原料。

（二）近海渔业

台湾由于黑潮主流及分流流经本省东部及西部海域，故洄游性鱼类资源丰富。近海渔业作业的渔场在离台湾沿海12海里至200海里海域。主要渔业为小型鲔延绳钓、小型单托网、鲷延绳钓。以30吨以上80吨以下拖网渔船及10吨以上50吨以下延绳钓渔船为骨干，主要渔获为底栖鱼类、鲷、虾、近海洄游性鱼类的鲣、鲔、鳍为大宗。

（三）沿岸渔业

本项渔业以10吨以下渔船分布在旗津、柴山、援中港一带的一支钓、流网、小型舢板或渔筏为主，因作业范围小，皆在离岸12海里内海域作业，产量较少，渔获量为鲷类、石斑、花身、蟹等高价值鱼介类，因属当日作业往返，其鲜度甚佳，鱼价较高。

（四）养殖渔业

本辖区养殖渔业大部分集中在援中港，其中碱水养殖面积占260公顷、淡水养殖85公顷，养殖种类以吴郭鱼、草虾、鲤鱼、鲈鱼、虱目鱼及其他海水鱼类为主。

四、高雄区鱼价行情

高雄区渔会网站设专栏实时公布每日鱼价行情，为渔民提供价格指导。

表5.3　每日鱼价行情表

总交易量：35043公斤	上中下价日期：2008年01月09日
总平均量：50.7元/公斤	平均价、量的日期：2008年01月09日

代号	产品名称	上价（元）	中价（元）	下价（元）	平均价（元）	交易量（公斤）
2012	赤宗	460	460	460	460	103
2019	其他鲷类	420	158	38	158	266
2042	红鱼	250	206	133	206	3
2077	甘（瓜）仔	104	101	98	101	13
2123	圆花鲣	31	22	20	22	52
2145	石乔	120	120	120	120	27
2162	乌贼	100	100	100	100	4
2166	小卷	330	260	115	260	12
2181	马头鱼	600	600	600	600	89
2201	石斑鱼	350	320	270	320	10
2211	狗母	35	35	35	35	8
2261	肉鱼	110	110	110	110	183
2302	竹梭	85	85	85	85	2
2341	白带鱼	90	50	22	50	267
2401	扁鱼	300	204	120	204	13
2411	龙舌	100	100	100	100	3
2441	牛尾	200	173	150	173	3
2562	什鱼	170	58	15	58	196
2563	象鱼臭肚	200	194	180	194	10
3113	黄鳍鲔冻	35	26	25	26	8088
3121	真鲣冻	25	25	25	25	483
3131	剑旗鱼冻	75	74	40	74	3349

续表

代号	产品名称	上价（元）	中价（元）	下价（元）	平均价（元）	交易量（公斤）
3132	红肉旗冻	70	70	70	70	63
3133	黑皮旗冻	158	81	40	81	4377
3134	白皮旗冻	88	88	88	88	51
3154	沙翅冻	250	250	250	250	244
3155	双髻沙	17	17	17	17	1083
3157	水鲨冻	21	21	21	21	4275
3291	暑鱼冻	50	38	30	38	847
3321	油鱼冻	50	43	30	43	4806
4051	斑节虾海	500	500	500	500	92
4081	白秋虾海	79	78	70	78	6
4111	芦虾海	200	199	193	199	5
4513	三点仔	350	183	50	183	11
5888	海瓜子	45	45	45	45	3500
5889	花蚧子	50	50	50	50	2500
9999	其他					-1

鱼种笔数合计：37 笔。

交易量最多的鱼种是黄鳍鲔冻（代号：3113），交易量：8088 公斤。

平均价最高的鱼种是马头鱼（代号：2181），平均价：600 元/公斤。

五、高雄区家政服务

高雄区渔会家政班共计有三班，分别在前镇、旗津、援中港。

前镇于每星期五下午 14:00～16:00 在该会地下室推广教室上课；

旗津于每星期一下午 14:00～16:00 在旗津家政教室上课；

援中港于每星期一晚上 20:00～22:00 在援中港代天府教室上课。

成为班员的资格有两项：1. 该会会员眷属；2. 实际从事渔捞业、渔产品加工的渔家妇女。

2002 年起，三班班员均由该会家政指导员安排符合各班班员需求的课程，除元月休息 2 个星期之外，其余陆续上课中，课程有：十二生肖开运化妆法、抗老美容讲座、蔬菜切雕、盘饰、女子防身术、生机饮食、法律常识、公众演说技巧、会议规范讲习、理财新知、妇女保健讲座、图书演习、实用生活陶艺、剪纸艺术、洋式插花、名厨上菜、沟通的艺术、情绪管理等课程。

六、信用部各类贷款

高雄区渔会信用部各类放款（基本放款利率 = 基准利率 + 3.13%）说明如下表所示：

表 5.4

贷款种类	说　明	利　率
会员综合消费贷款	以不动产作担保之消费贷款	指数型房贷指标利率 + 加码利率
农业发展基金贷款	渔机贷款（购置全新渔业机械或自动化设备）	目前为年息 2%（依“农委会”规定机动计息）
统一渔贷	1. 渔业用途之一般性放款	基准利率 + 加码利率
	2. 会员融通资金项目贷款	（最高可贷 40 万）年息 5%

高雄区渔会以服务渔民为宗旨，开展各项便民服务，为渔民的生活提供了诸多便利，成为各渔会学习的典型。

第六章　十万农渔民为何上街游行

民进党上台以来，叫得最响的口号是“拼经济”，但几年来的实践证明，他们的所作所为是在“拼政治”、“拼选举”。从报纸、电视、广播中听到的、看到的，是一个乱象的台湾和不稳定的台湾——劳工游行、农渔民游行、“大陆新娘”游行，矛头直接指向台湾当局的现行政策。

2002年11月23日，台湾333个农会12万多农渔民走上街头，抗议台湾当局无视农业生存、限制和缩减农渔会信用部，由此爆发了有史以来规模最大的农民游行，这也是民进党执政以来最大的政治风暴。它不仅暴露了台湾基层金融的沉疴顽疾、农业发展的困境与无奈，同时也暴露了台湾“宪政体制”的弊端与党派权势斗争的冲突与阴暗。游行虽已经结束，但由此引发的种种矛盾，无疑给台湾的政治、经济和社会留下了诸多难解的习题。

第一节　金融改革——民进党“整肃”农渔会？

一、台湾基层金融改革的历史背景

2002年11月23日，由台湾农渔民自救会发起的“11·23与农共生”大游行如期举行。全岛各地的12万多农渔民由2500多辆游览车送进台北，聚集在“中正纪念堂”。下午2时，游行队伍带着高4米、长宽各3米的神农大帝像在前开路，农民们高举“支持改革、反对消灭”、的旗帜，敲打着大鼓、大锣，沿信义路、杭州南路、济南路、中山南路等前行，最后到达凯达格兰大道陈水扁官邸前。

在游行队伍经过或抵达的“行政院”、“总统府”等部门的门前，当局部署了上百警力及数层拒马蛇阵，台北市还特别成立了危机处理小组，以因应突变。整个台湾剑拔弩张，笼罩在紧张的气氛中。

早在六七年前，台湾当局就酝酿改革农会基层金融机构，但因错综复杂的原因，改革一直裹足不前。民进党执政以来，台湾面临着金融国际化趋势、加入WTO等种种变数，多项经济指标连创历史新低，金融业也是危机重重。金融危机的阴影一直笼罩着台湾。2000年一家国际知名杂志曾预言，台湾将爆发大规模金融风暴，由此而引起了很大的震动，尽管当局极力辟谣，认为台湾一无外债，二有雄厚外汇存底，不可能爆发金融风暴。但实际上，根据信用评等机构估算，台湾53家银行中，有8家逾放比超过两成，而逾放比超过15%的，则有20余家，显示潜伏的金融危机是客观存在的。因此，2001年初，台湾“行政院”提出了金融体制改革的七大方向，内容包括优先解决基层金融机构问题、积极推动银行业合并、尽快解决经营困难及浮现流动性问题的银行问题、推动房地产抵押债权证券化和提高金融机构流动性、加速推动成立金融公司、推动设立资产管理公司、设立“金融监督管理委员会”等。

2001年6月，台湾“立法院”通过了“金融六法”，即“保险法”、“存保条例修正案”、“营业税法”、“金融控股公司法”、“金融重建基金设置条例”及“票券金融管理法”等。其中“金融重建基金设置及管理条例”是一项新的“立法”，在该条例中，为经营不善的银行建立了一套倒闭机制，规定了重建基金的资金来源和规模，同时，明确金融重建基金整顿的对象主要是基层金融机构，包括农渔会信用部及信用合作社，以及净值转为负数的金融机构、经财金主管机关认定的应该立即处理的有问题的金融机构等。这些机构都将由“重建基金管理委员会”配合中央存款保险公司进驻整顿。

在此背景下，2001年8月10日，台湾当局“财政部”以迅雷不及掩耳之势，派出中央存款保险公司与3家银行人员，进驻36家农渔会信用部与信用合作社，对36家基层金融机构账目清算查实，发现这36家机构放出而收不回来的坏账约达600亿元（新台币，下同）。9月14日“财政部”指派10家银行吞并这些机构，使它们成为10家银行的分支机构，而被并吞的农渔会信用部和信用合作社的资产与负债，也均由这

10家银行收受。至此，台湾农渔会的360家金融机构被一下吃掉1/10。此举引起反弹，造成农民从有秩序地拉白条喊口号反对，到和警察流血干架，不一而足。此次行动规模和影响比较有限，基层金融问题远未得到解决。

进入2002年，亚洲开发银行研究所学者指出，虽然台湾躲过了亚洲金融风暴的外在冲击，但一场本土型的金融风暴正悄然形成。台湾的银行体系逾放比屡创历史新高，获利率持续下挫，金融危险指标已濒临风暴边缘，贴近韩国在1996年亚洲金融风暴发生前一年的水准，且比1997年日本本土型金融风暴更严重。因此，如果不能尽速顺利解决，对台湾金融安定仍具有极大的威胁。

因此，从2002年6月份开始，以“财政部长”李庸三为核心，金融、保险、证期会等单位联合邀集有关官员、产官学界代表，先后召开26次会议，于9月26日正式提出62项金融改革建议，主要内容是：依据短中长程目标，针对台湾严重的金融沉疴，重点解决快速恶化的逾期放款，重新恢复金融业的生机，引导经营不善的金融机构包括银行与基层金融机构退出市场，同时对经营优良的金融机构给予奖励。金融改革的目标是：在两年内，使全体金融机构的逾期放款比率低于5%，同时资本适足率高于8%，这就是所谓的“二五八”目标。为实现这一目标，台湾提出了两大对策，一是以“政府”力量介入，通过“立法院”拨出1.05万亿元建立金融重建基金，大幅打销金融体系的坏账；二是对农渔会实施分级管理。分级管理分为四级：（1）逾放比在10%以下者，业务不受任何限制；（2）逾放比高于10%者，存款利率不得高于同期合作金库银行牌告利率，停止对理事、监事、总干事放款，暂停对无担保与利害关系人放款；（3）逾放比高于15%者，除上述之外，尚需由县市“政府”组成专案辅导小组，停办赞助会员及三个月内新会员300万以上的担保放款，但逾放比下降时可申请放宽；停办500万元以上的担保放款。农渔会若无产销周转需要，内部融资原则上不得增加。（4）逾放比高于25%者，由于体质最差，除了前列限制外，尚须裁撤经营绩效不彰的信用分部，除政策放款和百万元以内担保放款除外，禁止新增放款。信用部资产转移须经会员大会同意，且不得办理承受担保品。同时鼓励经营好的农渔会信用部合并为商业银行，对于经营不善的农渔会信用部，则采取“业务邮储化”的管理方式，即比照邮局，只能吸收存款，不能承做放款。同时提出农渔会信用部主管机关改由“财政部”主管。

台湾当局期望通过此次改革，处罚经营不善的基层金融机构，鼓励银行快速打销坏账，健全体质，恢复金融活力，拯救日益衰退的台湾经济，却没有想到引发了11月23日更大规模的农民运动。

二、台湾基层金融改革风波的主要原因

为什么台湾基层金融改革会在全岛掀起轩然大波，引发长期以来潜在的政治、经济、社会深层矛盾的大爆发？透过现象可以看出，其源于以下三大主因：

（一）党派之间的权势斗争

台湾农渔会是国民党的根基，是国民党东山再起的基础力量。台湾有关方面认为，这次农渔会信用部改革，其实是执政的民进党将炮口对准国民党的“桩脚”，因为基层金融机构在政治色彩上多半倾向于国民党，多年来一直是国民党的传统“桩脚”和“票仓”，民进党借金融改革之名予以铲除，可以为其下届竞选铺路。因此，民进党“立委”都极力主张取消农渔会及其信用部。他们认为，农渔会总干事是地方派系的产物，主张对于“败坏的农渔会信用部，该死的让它死”。对农民上街诉求一事，民进党当局曾试图出动警力半途阻拦、镇压，而且还拟发动保险公司拒绝接受农渔民的保险业务。对此，国民党“党团”抨击民进党是以公权力干预合法游行，呼吁当政者立即停止滥用公权力。11月19日国民党主席连战指出，民进党对于农渔会政策始终不明确，决策粗糙，企图消灭农渔会，要求民进党不要欺负农渔民，并公布给全台农渔民的一封公开信，痛批民进党政策鄙视农渔业，否定信用部的社会性和公益性，抹杀信用部的贡献，这种以改革为名，取消信用部职能的作为，令人不齿。亲民党主席宋楚瑜也指责，加入WTO后，农民生活受到极大的冲击，但是“扁政府”不但没有信守拿出1000亿元来照顾农民的承诺，反而要废掉长期对农民提供协助的农渔会，认为陈水扁是“宁可放弃一切理想，也不愿放弃政权”，是“假改革之名，行消灭农渔会之实”。11月23日，在游行队伍出发前，连战和宋楚瑜率“立院”

党团成员声援游行，并承诺将在“立法院”支持有利于农、渔业发展的相关法案。对此，民进党则发表声明，严厉谴责在野党“趁火打劫”、“唯恐天下不乱”。

民进党没想到农渔会金融改革会引起如此强烈反弹，尤其令他们大感意外的是，原先支持民进党的基层农渔民也走上街头抗议，以至于以民进党员身份执政的县市长不断发出警讯。目前全台农渔会干部两万多人，会员总数180多万人，这些基层农渔民正是下届“总统”大选时民进党击败对手的重要“票仓”。所以为了稳住政权，民进党不得不作出让步，先是同意召开农业金融会议，检讨金融改革方案，接着同意农业金融划归“农委会”主管。陈水扁直接召集嘉义、台南、高雄、屏东等5位民进党籍县市长开会，听取有关农渔会事件及对选举的影响。有县长说，如果“政府”执意施行基层金融分级制度，无异于是和全台300多个农会的干事、理事为敌，全台的农会干部就有两万人，可以组一个农民党，将来他们专门与执政党为敌，对执政党将是一个很大的威胁，将直接影响2004年“总统”大选。此后，陈水扁以民进党主席身份，宣布“暂缓实施农渔会分级管理措施”，至此，农渔会信用部的改革宣告失败。民进党终于以选举压倒一切，试图用时间换取更大的发展空间。

（二）台湾社会二元化结构性矛盾

可以说“11·23”大游行是台湾社会经济问题积重难返，社会二元化结构性矛盾的一个大爆发，是当局长期忽视农渔民权益的结果。虽然游行的直接导火索是基层金融改革，但农民的诉求不仅仅在此，如台湾农渔会自救会公布组织大游行的五大诉求包括：（1）希望台湾农业不再是对外贸易谈判时被牺牲的部门；（2）执政当局应制定一套可以使农业真正发展的政策；（3）台湾社会欠农渔民一个公道，希望通过这次事件唤起民众重新思考台湾农渔业、农渔民与农渔会的关系；（4）执政党不必担心此次游行损失大量社会成本，而应该赶快“与民众在一起”，才不会步国民党失去政权的后尘。（5）“改革”不该只是一顶帽子，如何落实、提出解决方案才是重点，陈水扁的当务之急就是要找到真正的“医生”，而非“郎中”。自救会同时指出，部分农会信用部有不法行为，应由“司法机关”解决，不得因少数个案就抹黑所有的农渔会信用部。

由此可见，台湾农业和农民的生存问题才是导致这次风波的实质。

事实表明，台湾当局虽然一直高唱“三农”，保障农民权益，但实际上历来把农业和农民作为对外关系的筹码和牺牲品。加入 WTO 后，为对美国大开方便之门，农业成为遭受打击最大的产业，农民成为最大的利益牺牲者。尤其是加入 WTO 后台湾调降 1021 项农产品关税，取消 22 项农产品关税配额，对美国开放牛肉、大米等进口，将有 8 万多公顷农地被迫休耕，估计5 年内有 10 万农民失业，农业成为受影响最严重的产业。2002 年由于外来产品冲击，农产品价格大幅下降，“3 斤米换不得一包长寿烟，3 斤木瓜换不到一份晚报”。2000 年台湾农业产值比 1999 年减少 279.9 亿元新台币，2001 年比 2000 年又减少 110.1 亿元。2000 年农民平均可支配收入较上年减少 2458 元，农家与非农家收入比率由 70.5%扩大到 68.9%。与此同时，在农村经济不景气的情况下，当局调降营业税 1000 多亿元协助银行打销呆账，而对农渔会不但不给任何协助，反而加以扼杀。在短短的几年内，由于民进党当局农业政策的失误，使业已存在的台湾社会二元化结构矛盾更加凸显、尖锐，城乡差别进一步扩大，农民有苦无处诉，其愤怒与抗争终于在基层金融机构改革中迸发。

（三）农渔会信用部性质蜕变，经营不善

农渔会信用部是台湾农会信用部和渔会信用部的总称，它们都是台湾基层农业金融机构和合作金融机构。农会是台湾农民的社团组织，具有信用、供销、保险和推广四大功能。农会信用部业务最早始于 1943 年，后中断。1949 年再告筹建，1950 年台湾当局颁布“乡镇区农会信用部办理业务范围”，确认了农会信用部的金融职能，重建农会信用制度。1974 年，台湾当局又颁布“农会信用部管理办法”，将农会信用部纳入“政府”控制的金融系统，严格其管理。1981 年 1 月对“农会信用部管理办法”作了补充修订，使农会信用部发展成为农会与农民之间的金融纽带。信用部的主要业务是承接“政府”和公营事业机构委托的各项贷款，融通农家一般农业生产和生活的周转资金；吸收农村游资，发放生产和技术推广资金。其业务范围除办理农会会员存放款、代理收付、设备租赁、代理乡镇（市）公库外，凡符合规定条件的信用部还可办理支票存款业务和储蓄存款业务。农会信用部存款主要来源是农会赞助会员、会员及乡镇机构。渔会信用部成立较迟，它与农会信用部相似，是台湾渔区渔会的一个信用部门。其业务主要是办理渔会会员及其家庭的各项存款与放款，承办渔业生产、运销、加工等贷款。

在台湾扮演农业金融角色的除农渔会信用部外，还有合作金库、农业银行、土地银行等，主要办理各种农业政策性贷款。实际上，台湾农业金融政策性贷款真正与农业有关的很少。根据三家农业行库统计，在农会放款6000亿元中，真正与农业有关的贷款，如农业机械、购买农地、农业推广等贷款，只有20%～25%，其余多数是赞助会员的贷款和农民的房贷等。因此，农会信用部已逐渐失去服务于农业的性质。

台湾农会金融问题由来已久，就外部因素而言，上世纪90年代以来，随着整体经济结构的转变及金融国际化与自由化发展趋势，台湾金融市场竞争压力倍增，以致农会信用部经营日渐艰难，盈余逐年减少，逾放情形更日趋严重。与此同时，台湾相继开放新银行、新票券公司，而农渔会信用部由于规模小，面临着竞争激烈、市场饱和的双重冲击，存放款业务逐步流失。就内部因素而言，由于信用部隶属于农渔会，并非独立的法人，管理机关政出多头，直接影响了运营效益；而且频繁的各级选举，更使信用部逐渐与地方派系纠缠在一起，盘根错节，其功能逐步超越经济概念，而成为选举桩脚及金库的工具，业务范围也从会员扩大到赞助会员、非会员，除了外汇业务外，几乎跟银行没什么太大差别，原先农民组织信用部门的社会性和公益性逐步丧失。

由于角色位移、性质蜕变、功能混淆、经营不善，在过去的10多年来，台湾农渔会信用部效益每况愈下。1996年，台湾全体农会信用部的税前纯收益为108亿元，但到2001年底时，只剩下1.4亿多元。到2002年6月底，全体农会信用部的平均逾放比率高达21.5%，渔会也达17.5%，比一般银行的7.5%要高出许多，问题之严重可见一斑。因此，如果不改革，不但信用部无法运作，连农渔会本身都有可能面临破产的命运。为此，在金融改革的大背景下，农渔会信用部自然成为基层金融改革的重点，而问题是如何进行改革。

（四）改革措施不配套和决策失误

应该说，台湾整体金融改革是势在必行的，这不仅是适应国际金融改革创新潮流的需要，而且也是台湾当局缓解经济社会发展诸多症结的要求。不良金融债权的产生实际上是台湾经济不景气、政治不稳定、社会结构不合理，以及当局决策失误、宏观调控不力的反映，既有金融本身存在的问题，也是政治经济社会深层次矛盾造成的。归结原因，一是金融政策失误。上个世纪 80 年代末，台湾推行金融自由化、国际化，修订“银行法”，大量设立新银行，放宽银行经营范围，使得金融机构林立，内部竞争不断加剧，截至2002 年8 月，台湾仍有银行、证券、保险、信托等大大小小 516 家单位，大大超出市场的需求。二是经济泡沫化，个人信用过度扩张。随着股票膨胀、房地产市场价格攀升、建筑融资抵押和购房贷款担保价值贬低，造成逾放比大幅上涨。三是民进党上台以后，经济持续不景气，投资需求大幅减少。据台湾“主计处”统计，2002 年投资率下降到 16.77%，是 40 年来的新低。在过去的两年中，外资入台以 30% 的速度持续衰退。民进党的大陆政策，也严重影响了台湾岛内投资的意愿。四是产业结构不合理，风光一时的中小企业陷入困境，传统产业外移，电子业成为拉动经济的唯一亮点。尽管台湾在 1997 年逃过了亚洲金融危机，但其内部社会经济的结构性矛盾并没有解决，由此带来的金融风险依然存在。由于这个原因，金融改革必须与经济、政治、社会的改革相配套，正如曾任台湾“立法院副院长”的江丙坤所说：只有增加公共投资，从根本上提振景气，才能为金融改革创造条件。而台湾当局违背市场经济法则，更多地出于政治目的，选择了选举压倒一切的决策模式，急于对农会基层金融机构进行“围剿”式改革，不仅造成农民的强烈反弹，也使社会各界感到困惑。台湾《联合报》11 月 20 日为此发表社论，说陈水扁的金融改革是“只有政治，没有政策”，是“发动政潮有余权力根据不足”，甚至已“违背了宪政的权力架构”。可见，基层农渔会金融改革，若没有相应的配套措施和完善的决策机制，要彻底根除弊端，绝非一朝一夕之功所能达成。

二、民进党整顿农渔会信用部

（一）台湾百家农渔会濒临倒闭

台湾“财政部部长”李庸三 2002 年 10 月 7 日在接受“立委”询问时证实，岛内有 100 多家金融机构面临倒闭的厄运。李庸三指出，这些机构大部分是农渔会信用部。

根据台湾“财政部”日前公布的数据，台湾逾期贷款比率超过25%的农渔会信用部大约有100家。如果金检部门提足其准备金或者调整其账务，有许多家的资产净值将转为负数，必须要“金融重建基金”派存款保险公司前来接管。另外，台湾一些企业银行逾期贷款比率也高达20%到30%，同样濒临倒闭。

李庸三透露，“金融重建基金”计划动用3000多亿新台币来解决台湾基层金融问题，并动用6000亿元来收购台湾银行的不良债权和投资银行。但是，台湾经济界人士估计，要处理100多家出问题的金融机构，加上接管“中兴银行”和高雄“企银”，“金融重建基金”的规模至少要扩大到10500亿元。

（二）民进党试图整顿农渔会信用部

台湾金融机构逾期放款比率过高一直是一大隐患，农渔会信用部的金融问题亦积弊日深，且农渔会信用部整体处在持续恶化中。民进党当局试图以整顿农渔会信用部来推动整体金融改革。但从2002年8月底开始，台当局强势整顿农村基层金融机构的举措引起农渔会的激烈反弹。“农渔会自救会”反对商业银行接管农渔会。与农渔会有千丝万缕利益关系的李登辉也对陈水扁提出政党轮替以来最严厉的批评。

国民党根深蒂固的地方农渔会组织，是民进党最一筹莫展的地带。陈水扁上台后一直意图斩断国民党的“人脉”加“钱脉”。8月22日，台当局以农渔会信用部“经营恶化”为由，决定对部分信用部进行分级管理。然而，农渔会信用部不同于一般的商业银行，除了方便农渔民进行小额存贷外，还长期担负农业技术辅导及品种推广的任务，接管信用部就等于“消灭农渔会”、摧毁基层农村组织，农民就失去了赖以表达利益的管道，当然会引起农渔民的强烈反弹，农渔民怨声载道。

（三）台湾10万农渔民走上街头做饭抗议当局政策

据台湾媒体的报道，台湾各级农渔会发动10万农渔民走上街头，以埋锅造饭的方式，抗议民进党当局的有关政策。

台湾各级农渔会10月11日下午举行业务联席会，304个农会和40个渔会的代表都出席会议。他们强烈不满民进党当局对农渔会信用部所采取的改革措施，准备成立“农渔会自救会”，研究有关的自救措施。

台湾省农会理事长古源俊一针见血地指出，民进党当局对台湾基层农渔会信用部的整顿措施，是假改革之名来打击农渔会信用部。他强调，农渔民辛苦地打拼创造了台湾经济的繁荣，现在却被民进党指控为“黑金”，把农渔会过去的功劳完全抹杀。①

台湾农渔会自救会理事长、台北县农会理事长白添枝指出，如果民进党要将农渔会除之而后快，他们不惜走上街头。

（四）台湾农渔民与当局摊牌，挂牌成立农渔会自救会

由全台湾的农渔会整合而成的全台农渔民自救会，10 月 31 日正式挂牌成立，岛内农渔民与当局正式摊牌。

自救会的农渔民表示，如果台湾当局再不尊重他们的意见，11 月 23 日的 10 万人游行一定要当局付出代价。

自救会执行长陈明吉称，自救会的功能主要是协助当局推动改革，因此经过三个星期规划，农民已经自行订定“农业金融法”草案，并送“立法院”十个党团参考。他并表示，会强烈要求陈水扁兑现当初竞选时提出的“农业白皮书”的承诺。

根据这份民间版的“农业金融法”草案内容，农渔会信用部将确保能永续经营，并将争取成立投资“中央金库”，整合农渔会信用部业务。

自救会会长白添枝致词表示，当局“财政部金融局”指称“农渔会信用部因为拿不到‘农委会’补助，将存款人的钱挪用作为农业推广业务”，这是“没良心的说法”，“刻意要扰乱金融秩序”。②

当时现场的二三百名农渔民亦群情激奋，要求当局“财政部”拿出证据，否则“一定会讨回公道”。

（五）台“行政院”宣布暂缓实施农渔会分级管理措施

台湾“行政院”17 日晚间临时宣布，决定即刻起暂缓实施有关“农渔会分级管理措施”。“行政院”决定暂缓农渔会分级管理措施，希望能劝阻农民 23 日不要发起大型抗议游行。

台湾“行政院长”游锡堃召集“财政部长”李庸三、“农业委员会副主任委员”李健全，与南部 5 县县市长磋商，经过讨论认为，“为让全台农民了解当局改革基层金融的用心，以及展现重视农会发展的诚

---

① 《人民日报》，2002 年 10 月 14 日。

② 中新网，2002 年 11 月 1 日。

意，避免争议与社会成本的无谓付出，‘行政院’决定将分级管理措施自即刻起暂缓实施”。

虽然“行政院”发表暂缓声明，不过“行政院”秘书长刘世芳仍强调，暂缓并不代表不改革，对于先前“行政院”坚持改革农渔会管理的做法，刘世芳也表示，“这是与农渔民沟通不良的结果”，现在通过南部5县作为协调者，以考虑农渔民权益为前提，暂缓实施农渔会分级管理措施，而这项决定要等到12月30日开始的全台农渔会金融会议结束后，才会再进行讨论，希望能有效劝退农渔民走上街头。然而，事态的发展并非如此。

第二节　十万农渔民上街头

一、草率决策激民怨

2002年8月22日，台湾当局以一些“农渔会信用部”逾放比过高、经营恶化为由，对信用部的贷款采取限制措施，并拟于2004年底前全面接管“农渔会信用部”。事实上，除了可以公开的理由，当局企图接管农渔会信用部是另有所图。众所周知，农渔会是台湾地方派系的重要组织。在李登辉主政的12年间，利用地方派系巩固政权，一个普通“农渔会信用部”至少有几百亿元新台币存款，这些钱在选举时成为总干事、理监事们手中的动员基金。李登辉时期，这些总干事、理监事都由李的“皇亲国戚”组成，在很大程度上影响着农渔民的选票，所以一直被视为李登辉的地方“桩脚”。李登辉退出国民党后，这些“桩脚”有一部分被国民党接收。陈水扁迫不及待地要接管这些农渔会信用部，正是企图在下届“总统”选举前拔掉这些国民党的“桩脚”。但处于经济衰退、生活困苦煎熬下的农渔民认为，农渔会信用部有别于一般商业银行，它们长期以来方便了农渔民存款和小额贷款，其盈余提供给农会渔会，让农渔会办理推广训练等活动，并办理农渔民直接受惠的农保、健保，发放农渔民福利津贴，收购稻谷，辅导产销和家政班等业务。信用部是农渔会的心脏，如果信用部被接管，就“等于消灭农渔会”。农渔会据此不断向当局陈情，提出“抢救农渔业和农渔民”、“不要接管信用部”的诉求，但民进党当局置若罔闻，终于引致农民发出了上街游行抗争的呼声。而台湾当局却认为，这与“在野势力介入有关”，甚至称是“‘第五纵队’的破坏活动”，力图把农渔民们的怨气压下去。陈水扁还曾经以“宁失政权也要改革”表明接管农渔会信用部的“决心”，并搬出农渔会旧老板李登辉去做农渔会干部的工作，结果是反弹声浪变得更大。在国民党、亲民党陆续宣布支持农渔民的诉求，并决定加入大游行后，民进党当局估计压下游行的希望不大，于是“主战气氛高昂”。

11月15日，民进党秘书长张俊雄率领“立院”党团总召柯建铭、政策会执行长林浊水召开记者会，以严厉的语气指控国、亲两党介入游行。这个罕见的动作，宣示民进党当局主动应战。民进党向各地方党部下发改革说帖，买下5份报纸的头版广告，花费30万元制作费拍摄了一支准备在11月20日播出的电视广告，标题是《改革绝不能停止》。以擅打“选战”闻名的民进党，又拿出了“看家本领”。一边是农渔会坚持抗争到底，一边是民进党当局厉兵秣马，双方的对立发展到了相当严重的程度。

二、政策摇摆为选票

11月17日晚，作为民进党主要“票仓”的南部5县民进党籍县长们，绕过了主管行政部门，直接向陈水扁汇报了农渔会的抗争情况。据媒体报道，这些县长们认为，当局的高压政策极可能导致民进党在南部的传统票源流失。这次会见导致陈水扁在接管农渔会信用部的立场上出现了大逆转，“行政院”突然宣布，以“社会成本损失”为考量，暂缓“接管农渔会信用部”。此举一出，各方哗然。岛内舆论纷纷指出，当局不惜放回原来的主张，以回应农渔民的诉求，表面上看是承认政策实施失当。但更深一步的原因是，台北、高雄市长选期临近，10万农渔民上街，将重创民进党形象，甚至因票源松动而损及选情，“金改政策急刹车的真正动因却是出于选举考量”。更有学者一针见血地指出，“当局决策如此仓促、轻率，将专业考虑、是非原则、整体利益完全置之度外，其动摇反复令人叹为观止”。

当局作出暂缓“改革”的决定后，本以为可以使农渔民不再游行抗争，但这种在仓皇中作出的草率让步，并未取得农渔民的理解，甚至加剧了民众对执政者的不信任。农渔会认为“暂缓”论并没有给信用部前途一个说明，“当局反复无常，谁知几天后变成什么”，仍决定“上街游行”。为了拉陈水扁一把，农渔会举行游行誓师时，李登辉再次亲自出马，表示希望减少游行人数。不过在场的数百名农渔民代表认为，李登辉“只是来帮‘政府’摸农民的头”，因而反对让他进场发言，同时唱歌表达了不放弃游行的决心后，全数离场。

农渔会自救会理事长白添枝表示，“生米已煮成熟饭”。农渔会自救会并提出了全面抢救农渔业的“三大诉求”和“十大主张”。“三大诉求”为：抢救台湾农渔业和农渔民；农渔民要农渔会继续提供服务；制定以农渔会信用部永续经营为主轴的“农业金融法”。一直声言与农渔民“站在一起”的国民党、亲民党也再次表达了对农渔民游行的支持。国民党主席连战于11月19日发出公开信，表示国民党要“做农渔民的后盾”，“督促‘政府’从法制面、政策面、社会面支持农渔业及农渔民，使农渔业不再是夕阳产业，使农渔民成为生产生活生态的尖兵”，并在党内发出“甲级动员”，号召前去声援农渔民。亲民党籍“立委”则准备以“化整为零”的办法到游行队伍中表示支持立场。此时此刻，一直与民进党当局“相互依托”的李登辉，出于自身利益的考虑，突然出来对当局放重话，批判民进党当局“只会选举”、“喊玩的”、“决策官员都是新人”、“处理一团糟”。此举实无异于火上浇油。而民进党内不少人由于不满陈水扁的“退缩”，继续对“农渔会”干部提出指责，称他们是“假农民”、“有刑事记录”。所以，尽管陈水扁匆忙赶到南部地区以“亲情”“缓和局势”，但农渔会上街游行已“势所必然”。

三、游行抗争谋出路

11月23日中午，2300辆大客车载着12万台湾农渔民，从岛内各县拥入台北，一场以“抢救农渔业和农渔民”为诉求的台湾历史上最大规模的游行，由“神农大帝”巨型雕像引导，在激愤的口号声和高亢的农歌声中拉开了序幕。这个称为“11·23与农共生大游行”的活动，由台湾的“农渔会自救会”策划，其目标是反对当局把农渔会信用部分级管理的政策。这场台湾当局对农渔会信用部的改革，草率决策，必经演变，终于酿成风潮，使本已脆弱的民进党“执政信用”，面临“崩盘”

危机。

据台湾媒体报道，参加此次游行的农民来自岛内各地，其中以中、南部县市居多，仅彰化县就发动12000多人“北上抗议”。主办单位共出动2500多辆游览车专程由各地运送游行者到台北市，致使台北市交通顿时大乱，自当日中午12时起至晚上7时，博爱区一带多条街道被迫实行交通管制，市内50多条公共汽车路线只好临时改道行驶。台北市警方共出动3000多名警员，严加戒备。游行队伍于上午11点在市中心集中，下午2点出发，沿市中心的信义路、杭州南路、济南路、中山南路等多条街道沿途高呼口号，高举“反对消灭农渔会”等标语，强烈反对当局全盘接管农渔会信用部的企图，指责当局处理农渔会政策变调带来的危机。游行队伍最后集结在凯达格兰大道，引来无数市民围观并加入抗议行列。

台湾农渔会自救会在游行中，向当局提交了包括“三大诉求”和“十大主张”的陈情书，要求保障农民利益①。

另外，由于当局农业政策失误，农民失业情况恶化，反对之声四起，在舆情压力下，台湾“行政院长”游锡堃和“财政部长”李庸三相继提出辞职②。由于事态严重，当局已成立“处理危机小组”，以因应此次农会问题带来的冲击。

此次游行是民进党当局上台以来遭遇的最大规模的基层民众抗议事件，让素有“台湾之子”自居而且确实是农民儿子的陈水扁大失颜面。鉴于台湾社会独特的选举文化，唯有从政治方面分析，才能正确地解读此次游行的真正含义。

台湾农村基层金融改革的焦点和矛盾所在，表面上看是农会信用问题，但实际上是一个政治问题，也就是一个选票的问题，当时陈水扁要改革农会信用部主要是想一石两鸟，一方面就是以改革的名义争取中间选民，第二个更主要的就是通过改革端掉农村农会信用部之后，来挖泛蓝军的墙角。但是，陈水扁没有想到过于匆忙的改革适得其反，农民的激烈反弹让他紧急掉转枪口，在23日的游行开始前，台湾“行政院”

① 《人民日报》，2002年10月12日。

② 中新社消息：《农渔民游行风波：游锡堃收回辞呈，两高官下台》，2002年11月25日。

突然宣布暂缓接管农会信用部①，并极力阻止此次游行的发生。

不过，陈水扁的这一招显然出手太晚，一方面，原先力主改革的“财金派”大为不满；另一方面，台湾农民并不领情，依然按计划举办盛宴般的浩大游行，让陈水扁丢尽脸面。看来，陈水扁真正在意的还是农民可以影响到的那一千万张选票。

第三节　金融改革导致执政危机

一、“执政信用”受质疑

草率决策于前、政策摇摆于后的做法，使当局的“执政信用”遇到了危机。不仅在野党强烈批评当局“施政无能”、“出尔反尔解剖学”、“只讲选票”，就是民进党内部也乱作了一团，“退却”与“坚持”的争吵不断发生，陈水扁与“行政院”、“立院”党团间的矛盾凸显。同时，民进党对李登辉在风潮中所扮演的角色也极其不满。巨大的风潮使陈水扁腹背受敌，四面楚歌。为替自己辩解，他不得不“舍车保帅”、“枪口向内”，声称接管“信用部”的情况他都“不清楚”，行政部门对他的“指示”有“故意不听”的问题，“‘行政院’应该有人对此负责”。于是，民进党上台后“由领导人定下的重大决策一遇阻力或失败就必须有人挡‘政治子弹’的现象再次出现”。本来因强力推动这项“改革”而焦头烂额的“行政院长”游锡堃，不得不“满心委屈”地充当“防弹衣”，一连三次向陈水扁提出辞呈，“副院长”林信义也表示将与游共进退，而直接处理这次“改革”的“财政部长”李庸三和“农委会主委”范振宗更是成了“替罪羊”，辞职下台。尽管游锡堃仍得以“慰留”，但台湾媒体认为，“慰留”的原因主要是陈水扁不愿承认施政失败，要暂时维持“稳定”，保全面子。岛内媒体日前评价说，“尽管民进党上台已经2年半，但执政能力和决策模式并没有长进”。自民进党执政以来，政策一夕数变的事情时有发生。2年前当局突然宣布停建“核四”，引发政治风暴，朝野关系严重对立，经过“百日动荡”后，当局又宣布

---

① 中国网：《台“行政院”宣布暂缓实施农渔会分级管理措施》，2002年11月18日。

"核四"复工，让各界初步领略了陈水扁当局善变的"执政风格"，引致弥漫全岛的"信心危机"。此后，不断遭到家长和基层教师诟病的"教育改革"，在政策摇摆中进退维谷。"健保费双涨"同样引发社会各界的不满，此次"金改"刹车、荒腔走板不过是当局政策反复"系列剧"的续集而已。有关学者认为，在民进党执政两年半先后三任"阁揆"任内，前有"核四"案，现在有"农渔会改革案"。每次只要出现问题，"内阁"人事就面临危机。当局独断专行，缺乏责任感，"错的全是别人"，这是"台湾社会步向乱局的重大警讯"。当局为给自己的错误辩解，声称"改革不是直达车"。但台湾舆论指出，"核四"案、"八掌溪事件"都一样，"走人背责任，一切重新来过"，"但人民的怨、怒、不满依旧在，一个浮动的、不稳定的施政方向则是民心惶恐的症结"。当局执政"专业不足、决策草率、错估形势"，总是"让民众坐在云霄飞车上"，不断地"经历一次次政治大动荡"。这种"只有政治，没有政策"的执政模式，暴露出当局"彻头彻尾的施政无能"。

二、"执政前景"可堪忧

曾经是民进党忠实支持者的农民举行了台湾历史上最大规模的游行抗争活动，而陈水扁本人在危机处理中一意孤行、决策反复的作法都对台湾政局产生了一定的影响。

1. 决策反复使陈水扁个人执政威信受挫。从陈水扁上台之初粗暴地决定停建"核四"，在引发旷日持久的政局动荡后又宣布续建，到现今先是在不了解情况下信誓旦旦地高呼"宁可失去政权也要进行改革"，①之后又自食其言等等都历历证明，陈水扁上台几年以来，执政能力并没有任何长进，依然处在决策草率、有欠周全的模式之中，让支持或反对改革者都非常失望。据台湾民调显示，陈水扁的施政满意度不断创下新低纪录。

2. "一人决策"激化民进党内部矛盾。陈水扁在没有告知党内同仁甚至连"行政院长"游锡堃都蒙在鼓里的情况下，宣示暂缓整顿农会信

---

① 《台湾农渔会大游行前因后果面面观》，http://www.chinataiwan.org，2002年12月1日。

用部引起党内的强烈不满，纷纷将矛头对准陈水扁，甚至点名陈应为此事负责。以“派系共治”著称的民进党成为执政党后，党内不仅弥漫“唯扁是尊”气氛，各派系更经常被陈水扁排斥在“政府”决策核心之外，且要承担一切施政责任，令各派系极为不满。农会政策转向暴露了所谓的“党政同步”只是为陈个人扩张权力的摆设，“党政同步”后的中常会反而愈来愈像“橡皮图章”。党内要求陈水扁改变“一人决策”进行“集体领导”的呼声再起，但惯于独断专行的陈水扁能否学会与别人分享权力将影响民进党内部的团结。

3. 重创“内阁”士气。虽然台“宪法”规定“行政院长”为最高行政首长并向“立法院”负责，但从李登辉到陈水扁，“行政院长”一直是听命于“总统”，不仅从未成为真正的最高行政首长，反而担负所有施政责任。正因为“总统”与“行政院长”之间权责不明，加之陈水扁每到关键时刻都将责任推给“行政院”，① 以至于陈水扁上台两年半，就换了三位“阁揆”，大大小小的“阁员”更是更换频繁。陈水扁在处理农民大游行危机中，痛批“行政院”能力低下，“欺上瞒下”，应担负所有责任，以致“行政院长”游锡堃、“财政部长”李庸三、“农委会主委”范振宗纷纷提出辞呈。游锡堃三度请辞未准后，虽接受了陈水扁的慰留，但两人已经受伤的互信在短期内恐怕一时难以缝合。

4. 支持者松动，政党轮替契机正在悄悄形成。广大劳工和中南部农民长期以来一直都是民进党的忠实支持者，尤其是南部农民是陈水扁在2000 年“总统”选举时击败对手的关键“票仓”②。在这次农民大游行后，民进党在中南部的农民票仓势将有所松动，为泛蓝军整合重新夺回政权提供了绝佳的机会。

5. 民进党挑动省籍矛盾失灵。在一连串的游行抗争活动中，民进党本来意图使用其最擅长的挑拨省籍矛盾、统独分歧的伎俩抹黑、分化游行队伍，如诬称游行活动是有政治力介入，遭到有心人士的操控等等，但这些指控不仅引起劳工、农民团体更大的反弹，并加强了游行队伍的团结。民进党在游行中操作省籍矛盾首次失灵的原因在于对于绝大部分

① 徐博东：《透析台湾民进党》，台海出版社，2003 年版，第 346 页。

② 《大公报》，2002 年 11 月 26 日。

的人民而言，生存永远是比什么都还要重要的事。

三、“执政危机”已暴露

陈水扁青少年时代，曾经多次得到台南农渔会的奖学金。为此，农渔民对陈水扁的“吃果子砍树头”的无情之举，感到非常寒心与失望。

当年，台湾中南部农渔民是因为对国民党专制统治的不满，才赌口气投票给民进党陈水扁的。现在他们终于发现，自己用选票为自己带来了饭碗不保与生存危机。他们已被陈水扁逼到了无法再忍受的绝境，所以才上街抗议大游行。陈水扁害怕的是，以这次农渔会风波为契机，民众觉醒过来，明白陈水扁除了口号，“剩下的也只有口号”，那样，民进党和陈水扁的麻烦就大了。

另外使陈水扁畏惧的是，民进党高层、民进党籍基层官员，也感到这场风波非同寻常，他们公开表示反对陈水扁决策层的作为。有民进党高层对此事的雪崩反应极为忧虑。民进党内对陈水扁这样说“不”，这两年多来还是头一次。

陈水扁只是害怕失去选票，才放弃改革农渔会的强硬措施的，他没有改弦易辙，也不是妥协，只是缓兵之计，期希暂时平抚农渔民的愤怒。

“八掌溪事件”、“核四”风波，民进党和陈水扁没有得到足够的教训。这回农渔会风波，在事实上提供了台湾社会与各党派，围绕台湾前途的一个与以往大为不同的思考点。因为2004年“总统”选举，农渔民支持谁，将是决定这场政权争夺战胜负的关键。

民进党的基本支持者纷纷走向街头，表达他们生计窘迫的愤懑与无奈，表明民进党的政治蜜月期已经快要走到尽头，“二次政党轮替”的气氛正在形成。

这一事例从一个侧面反映了台湾农会由于经济功能强大而形成的独特的政治地位和扮演的政治功能。但是经济问题要由经济手段来解决，不要掺杂太多的政治目的，这样才能够顺利地推动改革。

陈水扁固守“本土意识”，高喊“爱台湾”，狠命“拼政治”、“拼选举”，使得台湾经济每况愈下，老百姓的钱包变“扁”，到头来只会被选民所唾弃。

第四节　扑朔迷离的基层金融改革

台湾历史上最大的游行虽然结束了，但当政者仍然面临着一系列难解的结。未来台湾农业、农业金融及农会基层金融改革前景如何，还有赖诸多问题的解决，就目前情况来看，主要是：

（一）如何定位农业，厘清农业、农业金融及农会金融的关系

这个问题关系到未来台湾政局稳定、经济发展和社会进步。如上所述，这次风波是台湾社会经济问题积重难返，社会二元化结构性矛盾的大爆发，是当局长期忽略农渔政策、农渔民权益的结果。因此，台湾基层金融改革前景如何，不仅仅是就基层金融改革而改革，更重要的是如何定位农业，厘清农业发展、农业金融与农会金融的关系。农业不等于农业金融，农业金融也不等于农会金融。台湾有识之士指出，当局若真想要解决问题，必须先认清农业的根本问题在哪，明确农业金融的功能是什么，以及农会金融的问题何在。农业金融只是农业问题的一部分，旨在提供农民生产、生活等所需的资金。而目前台湾的农业金融问题，不只是农渔会信用部问题，与农业发展和农村经济密切相关，要解决农业金融问题，不能单靠农会信用部的整顿，更不能与农业问题混在一起。因此，如何重新定位农业问题，协助农业发展，需要更深入的思考，如果不把什么是农业问题、农业金融问题和农会信用部走向等问题理清楚，恐怕农民还会再次走上街头。

11 月 30 日台湾举行全台农业金融会议，试图就上述问题给出一个答案。会上，陈水扁首先强调了农业的重要性，认为农业“拥有巨大的外部效益，因为农业对维护生态环境、确保粮食安全、提供休闲，以及支持社会安定，都具有重大的贡献”。之后，他一再表白，面对可能发生的金融危机，当局要帮助农渔会、拯救农渔会，让信用部健全起来，并提出未来农业、农业金融和农会金融机构改革的四大目标：

1. 加强发展农村经济，持续办理老农年金及农民保险，对农民休耕给予适当补助。尽快提出“农业金融法”草案，使农渔民能借得到钱，以应付生产的需要。

2. 强化农渔会体质，确保农业永续发展。鉴于农渔会所具备的功能

和提供的服务，是其他机构或组织所不能完全取代的，对农渔会长期从事的推广及供销等服务“政府”将宽列经费，直接予以补助，使农渔会健全功能，茁壮成长。

3. 满足农渔民对金融服务的需求，完善金融改革的配套措施，在基层金融改革的同时，满足农渔民对资金的需要。对于农业所需的各项专案贷款，“政府”将扩大办理，持续给予优惠利率，使农渔民的生计能获得充分的保障。

4. 健全农渔会信用部的体质，坚持改革方向，稳健改革手段。通过对基层金融改革，为农渔会信用部的经营创造有利的环境，以确保农业的永续发展。对于少数恶性、重大、违法淘空的个案，将依法严办、速办。

参加全台农业金融会议的台湾农渔会自救会代表也提出了六点建议，即：（1）“行政院农委会”应为农业金融主管机关；（2）依据金融机构监理一体化既定政策，农业金融机构的监理，应由“农委会”委托办理。农业金融机构存款保险，应依现况纳入“中央”存款保险体系；（3）建立以农渔会信用部为基础的农业金融系统，并设立全台农业金库，为各农渔会信用部资金调节、农业资金融通及农业金融系统内部查核、辅导、监督单位；（4）农业金库初期由农渔会与“政府”认股组成，农渔会可选择现金投资或信用部作价投资；（5）农渔会采取现金投资，投资金额不宜超过净值的20%，但不应以扣除信用部净值计算其投资上限；（6）要求“立法院”在本会期内通过“农业金融法”，设立农业金融母行及农渔会信用部上层金融机构—全台农业金库，形成以农渔会信用部作为基础的农业金融体系。

通过协调，农业金融会议达成了四项共识。其一，充实农业信用保证基金，以“农委会”一元化管理农渔会及信用部，强化其内部及外部监理机制。其二，确立农业金库银行为农渔会信用部业务的上层银行。同时为维护信用部转存款安全及贯彻金融监理一元化，有关农业（金库）辅导，参照日本农林中央金库及现有台湾“银行法”相关标准规范；其三，制订“农业金融法”，以法律规范农业金融体系、功能、政策角色，以发挥专业功能，加强监理检查。其四，鉴于农业金融改善与农业发展环境密切相关，除制定“农业金融法”及建立合理制度外，将从提升农业经济的竞争力上着手，以维持农村经济繁荣。

通过这次会议，表面上是达成一些共识，但会议结果只是作为行政部门未来施政的参考。这些“共识”是否能够付诸实施，在当时还是一个很大的变数。有人认为，这些或许只是陈水扁出于选举需要而采取的缓兵之计。

（二）建立怎样的金融体系，才能既保障农渔民生产和生活所需，又根除产生不良信用社的根源

架构农业金融，必须先思考农业发展需要什么样的农业金融支持。从市场角度看，农业金融需求规模有限，仅是现有的农渔会信用部就撑不下去，更何况又去搞一家农业金库。就经营面而言，经营农业贷款的农业金库，风险太集中，如前些年的口蹄疫事件，三家农业金库就损失几百亿元新台币。因此，有关方面提出，应采取“政府”编列预算的方式，以低利政策性借款，为农民提供购买种子、肥料、引进新品种所需的生产和生活资金。也有的认为这些农业金融服务不一定要由农渔会信用部办理，可让商业银行参与，减少地方政商势力介入，使农业金融服务更有效率。然而，无论是由“农委会”主管农会信用部，还是把信用部合并到商业银行，由“财政部”主管，都面临着难解的结。

回归到原点，按照这些主张，农会金融问题仍然不能解决，只是暂缓农渔民的情绪而已。

首先，对于把主管机关改为“农委会”，台大经济系教授许振明指出：信用部如果出问题，需要存保公司救援、“央行”专案融资时，如何经过这些机构检查？基层金融的金融检查一元化将名存实亡。其次，农渔会信用部内部问题，未来在农政体系监督下，地方派系介入的病源能否根除，令人质疑。第三，如果经营不善的信用部由经营好的农渔会信用部合并，会形成行政体系资源的重叠浪费，当局势必要拿出一笔钱来，进行再一次的合并。

现行的改革方案同样不能从根本上解决基层金融体质问题，因为：首先，由于信用部与银行，都是吸收存款的金融机构，一边是“农委会”主管，另一边却是“财政部”主管，整个金融监理架构势必大乱，也与金融监理一元化的世界趋势不符。其次，有问题的农渔会信用部由好的农渔会信用部合并，这对体质好的信用部而言，是一种额外的负

担。第三，如果全都由农业金库承接，将所有风险集中在农业金库身上，万一将来出事，又由谁来承接农业金库？第四，合并有问题的信用部，打消呆账，只能是治标，如果不能治其根本，则旧坏账打消之后，新逾放照样滋生。因为逾放之所以产生，除了人为因素外，最大原因在于景气恶化，导致产业萧条、股市颓败、房地产市场低迷，以至于包括机器设备、厂房、土地、房屋、股票在内，种种抵押品的市值大幅滑落。抵押品市值如果接近或者低于抵押值，再加上贷款人资金不济，自然使贷款变成逾放。因此，要救金融危机，必须从根本做起，把政治斗争放在一边，而把经济发展摆在首要位置。

（三）制定什么样的“农业金融法”

为制定完善的“农业金融法”，台湾国、亲、民、台四个党团站在各自立场，都提出了“农业金融法”草案，从内容看，各有侧重，主要共同点是：国民党、民进党、“台联党”所提版本，都要求在法案公布实施三个月内，“财政部”必须将强制让给银行的36家农渔会信用部财产归还原农渔会，使其复业；扩大农渔会信用部经营范围，包括代客买卖有价证券、办理信用卡、受托经理信托基金等原本属于银行的业务。民进党与在野党版本最大的不同点在于：（1）关于信用部存款保险机制与违反相关规定时准用“银行法”的罚则。民进党版本认为，信用部存保风险比一般商业银行高，“农业金融法”施行后半年内应成立存款基金，信用部所缴保险费，由全台农业金库代管；净值转为负数的信用部，也改由“农委会”处理，强制与邻近农渔会合并。（2）关于农业金库资本额“政府”出资比例、管理监督规定方面，民进党版本提出，农业金库资本额为100亿元，“政府”出资不超过20%，管理监督准用“银行法”规定，新设信用部需采用股金制。而在野党版本则提出，农业金库资本额应为200亿元，“政府”出资比例达49%，业务管理不援用“银行法”，需另订章则报请主管机关“农委会”核备。新任“农委会”主委李金龙表示，“农委会”将设立一个“农业金融局”或“农业金融司”，使农业金融主管一元化，但基于人力及专业条件考虑，金融检查业务将委托“行政院金融监督管理委员会”办理。

以上四方提出的“农业金融法”草案已提交“立法院财委会”审查，但各方争议仍然存在，部分“立委”质疑：为何“行政院”不提版本，而把对农业金融的责任推给“立法院”，同时对于“农委会”作为主管机关，以及“农业金融法案”应否由“财委会”审查，也成为争论的焦点。最后“立法院”拒绝审查四方提交的“农业金融法”草案，并要求“行政院”尽速提出相应版本。

看来，如何制定以及制定一个怎样的“农业金融法草案”，还是一个悬而未决的难题。

此次风波对台湾的影响是巨大的，不仅使六七年的金融改革努力付诸流水，而且对执政党的政权稳定造成了巨大冲击。未来台湾金融改革如何前行，将直接影响外资对台湾的信心，因为外资与外国金融机构对台湾金融改革曾寄予厚望。因此，金融改革的前景如何不仅关系到台湾政治生态的变化，关系到台湾农业的生存，也直接关系着台湾整体经济的复苏。能否给台湾农渔民一个满意的交代，还需拭目以待。

第七章　农渔会经营危机与革新转型

第一节　影响农会业务经营的环境因素

一、影响信用部经营绩效的环境因素

（一）放款额与环境因素

农会所在地区的性质是重要环境因素之一。依行政区域划分，农会坐落地可分为乡、镇、市三种不同区域。这是根据人口数量及密集情形加以划定的，具有特定的环境意义。表7.1显示1973年省、县辖市农会信用部平均放款额为3296067元，在三类中最高；镇农会次之，乡农会最少，仅为926554元，三类之间有极显著差异。1978年各类农会放款额亦依市、镇、乡次序增加，其差异情形，在统计上达0.001的显著水准。1982年变化情形亦相同，各类农会间呈显著差异。总之，不同时期各类农会放款数额变化有两种特征：（1）平均放款额不同时期均依乡、镇、市农会顺序而增加，并呈极显著差异；（2）1973年及1982年乡、镇农会间的差异大于市、镇间的差异，1978年前者大于后者，但基本上位置离都市越近的农会放款额绩效越佳。可见农会所在地环境条件是影响农会绩效的重要因素之一。

表7.1　不同时期市、镇、乡农会放款、变异数分析表

年　份	平均放款额（元）			自由度	F值
	市农会	镇农会	乡农会		
1973年	3296067	2244571	926554	（2234）	35544 ***
1978年	14274467	8322589	4733576	（2233）	25417 ***
1982年	40942133	30986000	18199070	（2240）	26273 ***

注：* $p<0.05$；** $p<0.01$；*** $p<0.001$。下同。

行政区划的不同虽然可以代表环境条件的差异，但是环境变项尚有

许多值得分析，如自然、社会经济环境及环境变动等皆为重要环境指标。由表7.1可知，1973年时除自然环境的耕地面积外，其余各项变数与放款额有极显著或显著相关。1978年及1982年未达显著标准的因素均为自然环境指标的耕地面积及其所占土地面积比例两项，社会经济方面的环境因素都与放款额显著相关。1982年分析的变项增加耕地面积比例变动、农业人口比例变动、正会员比例变动及专业农比例变动四项环境变动因素。其中仅农业人口比例变动一项未达显著标准。其原因可能是户政资料、职业变更登记不十分正确，致使农业人口变动未能反映实际情况，使得变动偏低，差异太大。

从表7.1的分析可得下列几点结论：（1）自然环境因素如耕地面积及其所占比例与信用部放款额相关性很低，影响很小；（2）社会经济环境因素及环境变动因素的放款额相关性较高，影响可能较大；（3）赞助会员额及农会会员总数两项与放款额具有极显著的高度相关性，因近年来农业人口减少，正会员增加有限或减少，赞助会员急剧增多，故农会会员人数也得以保持或增加，所以赞助会员成为重要影响因素；（4）农业人口比例变动，正会员比例变动及专业农比例变动与放款额成显著正相关，可见农业环境变动愈大，农业条件愈衰退的农会，其信用部放款绩效愈高。

将全部环境因素与1982年的放款额做逐级回归分析得表7.2资料，赞助会员数和正会员数两变项成为放款额的决定因素，影响量达81%。尤其是赞助会员数影响最大，其决策系数高达0.785，对放款额变异解释力达78.5%。由此可知，影响目前基层农会信用部放款额的主要因素为赞助会员数，赞助会员几乎决定放款绩效，而正会员数对放款贡献则退居第二位。

表7.2　环境因素影响1982年放款额的逐级回归分析表

变项	B	Beta	R2	F
赞助会员数	1457	0.774	0.785	14.545 **
正会员数	1029	0.535	0.810	5.007 *
常数	1141845	R2 = 0.810		F = 98.046 **

（二）存款额与环境因素

存款额与环境因素的关系可由表7.3得出，不同时期各类农会信用部的平均存款额，均依乡、镇、市次序显著提高。在市、镇与乡、镇农会间存款差距方面，1973 年及 1978 年与放款情形相同，即 1973 年后者大于前者，1978 年则前者大于后者。但 80 年代与存款情形相反，市、镇农会间差距大于乡、镇农会间差距，都市型农会存款绩效比乡村型农会更显著。

表 7.3　不同时期市、镇、乡农会存款变异数分析表

年　份	平均存款额（元）			自由度	F 值
	市农会	镇农会	乡农会		
1973	6343800	4188200	1900849	（2233）	35367 ***
1978	28023867	15074179	8724163	（2234）	29583 ***
1982	63060333	41829393	28161611	（2240）	4378 ***

再由表 7.3 可得其他环境因素与存款额相关情形。1973 年及 1978 年度情形与放款额完全相同，未达显著相关的变项；1973 年仅耕地面积一项变项显著相关，1978 年则再增耕地面积比例一项。到了 1982 年所有环境变项与存款额的关系都减弱，同时有些变项相关程度甚至未达 0.05 的显著水平，如人口净迁移率、农会正会员数、农业人口比例变动、耕地面积、耕地面积比例，以及耕地面积比例变动等因素。进一步以逐级回归分析，结果如表 7.4 所示，仅赞助会员数及专业农比例变动两项变数包含在回归方程式之内。赞助会员仍扮演主要决定因素，其影响量达 78.3%，而两变项合计总影响量为 80.5%。可知，农会存款额的主要影响因素亦为赞助会员。

表 7.4　环境因素影响 1982 年度存款额的逐级回归分析表

变项	B	Beta	R2	F
赞助会员数	149896	0.9077	0.783	190.118 **
正会员数	10570330	0.1509	0.805	5.256 *
常数	38822344	R2 = 0.805	F = 95.08 **	

（三）信用部盈余与环境因素

由存、放款额与环境因素的关系，不难推知农会信用部盈余与环境因素间的关联性。从表 7.5 可知，如同前面所讨论的存、放款情形一样，不同时期各类农会信用部的平均盈余，依乡、镇、市次序增加，并且其间差异显著。显示越临近都市的农会信用部盈余越多，反之，越倾向乡村型的农会信用部盈余则愈少。

表 7.5　不同时期市、镇、乡农会信用部盈余变异数分析表

年　份	平均盈余额（元）			自由度	F 值
	市农会	镇农会	乡农会		
1973	858000	525321	259723	（2234）	23518 ***
1978	4468667	2514107	1219808	（2235）	32096 ***
1982	14328000	9371857	4084291	（2240）	24338 ***

除地理因素外，表 7.5 可显示信用部盈余与其他环境因素相关情形的一般概况。自然环境因素的耕地面积和耕地面积比例两变项，以及农业人口数与农业人口比例变动等因素，和各期信用部盈余均未达显著相关或仅低度相关，而总人口数，会员人数以及赞助会员数等变项则呈极显著的高度相关。除农业人口比例外，其他农业环境变动因素亦达显著相关。

逐级回归分析结果如表 7.6 所示，1973 年时人口净迁移率与赞助会员数两变项为决定信用部盈余的主要因素，1978 年时两变项虽不变，但赞助会员数的影响力已大于人口净迁移率，同时他们对盈余变异量的解释力由 1973 年的 56.5% 提高为 70.4%。到了 1982 年则仅赞助会员数一变项达显著水平，且对信用部盈余变异量的解释力高达 74%。由此观之，目前主要决定基层农会信用部盈余的因素亦为赞助会员。

表 7.6　环境因素影响农会信用部盈余的逐级回归分析表

年份	变项	B	Beta	R2	F
1973	人口净迁移率	151661	0.582	0.466	32403 ***
	赞助会员数	1904	0.330	0.565	10425 ***
	常数	2491739	R2 = 0.565	F = 29.545 ***	
1978	人口净迁移率	12653	0.709	0.590	75.961 ***
	赞助会员数	294239	0.343	0.704	17.715 ***
	常数	6932602	R2 = 0.704	F = 54.745 ***	
1982	赞助会员数	396.15	0.960	0.740	133.819 ***
	常数	6474981			

根据以上分析，农会信用部经营绩效与环境因素的关系可以归纳为下列几点：(1) 自然环境因素如耕地面积大小对信用部经营影响甚小或相关性甚低；(2) 农业色彩越浓厚或越倾向于乡村型的农会如农业人口比例与正会员比例越高，或专业农人数越多的地区，农会信用部经营绩效越差；(3) 人口增加越快及总人口数越多的地区，如人口净迁移率越高，会员人数越多的农会，能够投入的资源可能越多，所以经营绩效也相对提高；(4) 都市化程度越高的地区，如赞助会员人数越多，正会员比例变动越大及专业农比例变动越大的农会，其信用部经营效益也越高。总之，农业越萎缩，都市化程度越明显的地区，越利于基层农会信用部的发展。反之，信用部经营也越难呈现绩效。

表 7.7　信用部绩效与环境因素相关表

经营绩效 / 年份 / 环境因素	放款额			存款额			盈余		
	1973	1978	1982	1973	1978	1982	1973	1978	1982
耕地面积	0.0574	0.0075	0.0562	0.0966	0.0699	0.0131	-0.0295	0.0738	-0.213
耕地面积比例	0.1395	0.0970	0.0801	0.1430*	0.0592	-0.0199	0.0561	0.0444	-0.0599
总人口数	0.4016***	0.3817***	0.4545	0.4101	0.4687	0.2195	0.4632	0.5268	0.5049
人口净迁移率	0.2647	0.3069	0.2535	0.3099	0.3262	0.0899	0.3642	0.3985	0.2512
农业人口数	0.2302	0.1478	0.2362	0.2545	0.1549	0.1556	0.0687	0.1297	0.0881
农业人口比例	0.3311	-0.3410	-0.3661	-0.3149	-0.3213	-0.2784	-0.3454	-0.3592	-0.3928
会员总数	0.5926	0.6478	0.7318	0.6019	0.6210	0.2777	0.3778	0.5271	0.5539
正会员数	0.2796	0.3225	0.3658	0.3373	0.3194	0.0789	0.1786	0.2726	0.1524
赞助会员数	0.7475	0.7262	0.6741	0.6793	0.6961	0.6352	0.4682	0.5801	0.6469
正会员比例	-0.3563	-0.4150	-0.4574	-0.3163	-0.3929	-0.2463	-0.2890	-0.3819	-0.5042
耕地比例变动			0.1238			0.0783			0.1102
农业人口比例变动			0.0868			0.0886			0.0668
正会员比例变动			0.3198			0.1766			0.2919
专业农比例变动			0.2117			0.1291			0.2366

二、影响供销部经营绩效的环境因素

影响供销部经营绩效的环境条件，依农会所在地的行政区而言，表7.8显示：1973年时，无论市、镇、乡哪一类农会均为亏损，平均亏损额依市、镇、乡顺序而增多，其间并有显著差异。1978 年各类农会供销部转亏为盈，平均盈余额以坐落在镇的农会为最高，达 338982 元；其次为乡农会的 90667 元；市农会的平均盈余最少，仅为 46113 元。三类农会间供销盈余的差异也达 0.05 的显著标准。到了 1982 年，省、县辖市农会供销部经营仍旧有盈余，平均盈余为 281800 元，然而镇及乡农会则又转盈为亏，平均分别亏损 179000 元及 222733 元。因此，省、县辖市的农会近年来供销部经营逐渐转亏为盈，盈余额也有增高的趋势，其他两项则呈不稳定状态。

表 7.8　不同时期市、镇、乡农会供销部盈余的变异数分析表

年份	平均盈余（元）			自由度	F 值
	市农会	镇农会	乡农会		
1973	−15000	−16873	−120076	(2238)	3.261*
1978	46133	338982	90667	(2240)	3.312*
1982	281800	−179000	−222733	(2240)	3.848*

除地理位置外，其他环境因素分析可由表 7.9 得知，1972 年时没有一个环境变项与供销部经营绩效显著相关，此即意味着当时一般环境因子与农会供销部的盈亏没有显著关联存在。1977 年则有耕地面积、耕地面积比例、农业人口数及正会员人数四变项与供销部盈余达显著相关。此意味着农会外在环境的耕地面积越大，农业人口越多，正会员人数越多，即表示农业资源越丰富时，农会供销部盈余也越多。到了 1981 年，与供销部经营绩效有显著正相关的一般环境因素只有总人口数与赞助会员数两项，环境变动因素则有耕地面积比例变动、农业人口比例变动、正会员比例变动及专业农比例变动四变项达 0.05 的显著水平。显示农会所在地外在环境变动越大，人口数众多，赞助会员越多，则农会供销部经营绩效也较佳，较容易赚钱。反之，农业环境变动较小，人口又较少的农会，其供销部经营效益也较差，较易亏损。前者如临近都市边缘或坐落在都市而人口众多的农会，后者如位于纯农业地带的乡村型农会。

虽然 1977 年及 1981 年两个时期中，有些环境因素与供销部经营绩效关系达显著水准，但相关程度仍然偏低，进一步以逐级回归分析得知，

表 7.9　供销部绩效与环境因素相关表

经营绩效 / 年份 / 环境因素	供销部盈余		
	1972 年	1977 年	1981 年
耕地面积	0.0547	0.2001***	-0.0770
耕地面积比例	0.0164	0.1469**	-0.0598
总人口数	0.0952	0.0648	0.1129
人口净迁移率	0.0484	-0.0439	0.0025
农业人口数	0.0146	0.2060***	-0.0633
农业人口比例	-0.0655	0.0440	-0.0249
会员总数	0.1150	0.2220***	0.0627
正会员数	0.0633	0.2505***	-0.0117
赞助会员数	0.1370	0.0550	0.1850**
正会员比例	-0.0883	0.0100	-0.0675
耕地比例变动			0.1121
农业人口比例变动			-0.1162*
正会员比例变动			-0.1069*
农业总比例变动			-0.1129*

1972 年时，仅赞助会员数一项选择模式中，对供销部盈余变异量解释力只有 8%。1977 年时耕地面积及正会员数两项对供销部盈余有显著影响，决策系数为 0.201，总影响量也仅为 20.1%。1982 年时有赞助会员数、正会员比例变动及会员总数三变项达显著影响，对盈余变异量解释力也提高为 46.8%（详见表 7.10）。

表 7.10　环境因素影响供销部盈余的逐级回归分析表

年份	变项	B	Beta	R2	F 值
1972	赞助会员数	86.13	0.283	0.080	0.4078*
	常数	-17201329			
1977	耕地面积	37.91	0.704	0.131	10.649**
	正会员数	-29.83	-0.431	0.201	4.002
	常数	-2122711	R2 = 0.201		F = 5.778**
1981	赞助会员	101.48	0.882	0.199	27.015**
	正会员比例变动	-747654	-0.423	0.356	14.824**
	会员总数	-52.23	-0.519	0.468	9.427**
	常数	4979835			

由以上分析可知，环境因素对基层农会供销部影响逐年增加。1972年，几乎没有任何一个环境变项与供销部经营绩效显著相关，此时一般环境对供销部经营似乎毫无关联或没有影响。资料显示，1977 年农业资源因素对供销部产生影响力，农业资源丰富与否成为决定供销部经营绩效的主要因素。到了 1981 年都市化倾向因素取代了农业资源因素，结果都市化程度越高的地区的农会供销部经营成效也越显著。不过若与信用部经营绩效相比，供销部受一般环境因素影响似乎不如信用部来得深。

三、影响农业推广教育绩效的环境因素

农业推广教育绩效以参加农事研究班、家事改进班与四健会的总人数，以及班员人数除以农户人口数的平均每一户人口额参与率为指标，以此两变项分析受环境因素影响情形。表 7. 11 显示 1982 年镇农会平均参与推广组织活动的成年农民、农家妇女与青少年人数最多，其次为市农会，乡农会最少，他们之间有显著差异存在。就参与率来看，市农会最高，镇农会次之，乡农会最后，但其差异未达显著水平。

表 7. 11　市、镇、乡农会农业推广教育绩效与变异数分析表

变项	市	镇	乡	自由度	F 值
参与推广组织人数（人）	1345	1794	1143	（2236）	11821***
参与率（%）	11. 11	9. 49	8. 29	（2. 234）	1. 607

乡农会的农民参与推广教育组织的人数最少、平均参与率也最低的原因，可能是农村型的农会推广经费较少，推广部门难以发挥推广教育功能，服务品质也较低，同时农会对推广教育工作可能有心有余而力不足的感觉，以致影响农业推广教育绩效。市农会的推广教育组织参与人数较镇农会少，但参与率却较高，乃由于都市型的市农会农民人数减少，然有充裕的推广经费与人员来推动推广教育活动，提高服务农民的品质，所以农民的参与率提高，推广绩效也就较为显著。镇农会的状况居中，本身有众多农民，又有能力办理各项推广教育活动，所以包容的班组人数也就比较多，但推广经费不如市农会充裕，服务品质无法与之

比较，而且农民数很多，故参与率相对较低。

其他环境因素与推广教育绩效的关系可以通过表 7.12 反映，耕地面积、耕地面积比例、农业人口数、农会会员数、正会员数及赞助会员数等均与参加推广教育组织的农民数有显著的正相关。除赞助会员数外，其他变项可以说是农业资源的指标，表示所在地农业资源越丰富的农会，其推广教育组织所包容的成员也越多。但就参与率而言，这些农业资源的因素如耕地面积、耕地面积比例、农业人口数、农业人口比例、正会员数、正会员比例等变项却成为显著的负相关。相反的，赞助会员数、耕地比例变动与专业农比例变动等代表都市化的因素与参与率则呈显著的正相关。由此，可以确定都市化的环境利于农会推广部门尽其推广教育功能，提高服务农民的品质，但其服务对象则会减少。

表 7.12　农会推广教育绩效与环境因素的相关表

变项	参与推广教育组织人数	参与率
耕地面积		-0.3632 ***
耕地面积比例	-0.1793 **	-0.3021 ***
总人口数	0.0795	0.1085 *
人口净迁移率	-0.0798	0.0541
农业人口数	0.3929 ***	-0.4319 ***
农业人口比例	0.0421	-0.3100 ***
会员总数	4741 ***	-0.0811
正会员数	0.4640 ***	-0.2952 ***
赞助会员数	0.1808 **	0.1932 **
正会员比例	0.0176	-0.3619 ***
耕地面积比例变动	-0.0012	0.1241 *
农业人口比例变动	-0.0657	0.0364
正会员比例变动	-0.1027	0.0143
专业农比例变动	-0.0539	0.3075 ***

再以逐级回归分析，结果如表 7.13 所示，影响参与推广教育组织人数的因素仅有农会会员人数一项达显著水准，其影响量为 45.4%；而影响参与率的因素则有农业人口数及农会会员人数两项达 0.05 的显著水准以上，农会会员数对参与率变异量的解释力达 61.8%，但前者为负面影响，后者为正面影响。可知，农业人口越多的农会越不利于提高农民参与推广组织的比率。而农会会员人数是提高参与人数及参与率的有

利因素。可见目前农业推广组织包容对象仍以农会会员为主，非会员的一般农民参加基层推广组织的人数可能不多。

表 7.13　环境因素影响推广教育绩效的逐级回归分析表

应变项	自变项	B	Beta	R2	F 值
参加推广组织人数	农会会员数	0.206	0.674	0.454	39.106 ***
	常数	375.2901			
参与率	农业人口数	-0.5753	-0.914	0.401	73.832 ***
	农会会员数	0.1356	0.544	0.618	26.135 ***
	常数	0.1302	R2 = 0.616		F = 37.223 ***

四、影响农会整体绩效的环境因素

（一）总盈余与环境因素

农会各部门事业盈余减去各项成本后的综合盈亏称为总盈余。以市、镇、乡不同类别区分，其总盈余情形如表 7.14 所示，台湾基层农会在不同时期，总盈余均依乡、镇、市次序增加，他们之间的差异均非常显著。将总盈余除以农业人口数得平均每一单位农业人口的盈余。再以单位盈余为指标，比较不同时期各项农会的差异情形。表 7.14 也显示与总盈余相同的结果，市级最高，镇级次之，乡级为最低。市农会每单位农业人口的盈余与乡、镇农会比较相差甚巨，可见市农会能够提供给农民服务的品质比其他两类农会高出甚多。相反的，越需要服务的乡村地区的农民，农会所能提供服务的能力越低，他们所获得农会的服务也越少。

表 7.14　不同时期市、镇、乡农会总盈余变异数分析表

变项	年份	市农会	镇农会	乡农会	自由度	F 值
总盈余	1972	843067	509143	133023	(2239)	23,000 ***
	1977	4520600	2869696	1289860	(2239)	29,399 ***
	1981	14629600	9148000	3850000	(2240)	22,435 ***
单位盈余	1972	10.67	2.28	0.90	(2240)	20,390 ***
	1977	52.72	15.53	8.00	(2240)	27,672 ***
	1981	228.71	61.64	30.63	(2238)	16,552 ***

其他环境因素与农会总盈余的关系，可以通过表 7.15 得知。在 1973 年时，自然环境因素的耕地面积与总盈余无关；总人口数、人口净迁移率、农会会员数包括正会员及赞助会员与盈余有显著的正相关；而农业人口比例与正会员比例两变项则为显著负相关。显然，此时举凡坐落在人口数较多地区，以及会员人数较多的农会，较利于总盈余的提高。但是如众多的人口中农业人口比例较高，以及会员人数中正会员比例较高，则成为提高盈余不利条件。可知，都市化程度越明显，人口越多的地区，农会经营绩效亦越显著。

表 7.15　农会经营绩效与环境因素相关表

经营绩效 / 年份 / 环境因素	总盈余			单位农业人口盈余			总收益
	1972	1977	1981	1972	1977	1981	1981
耕地面积	0.0009	0.1174*	-0.0395	-0.1891**	-0.2135***	-0.2600***	0.0538
耕地面积比例	0.0737	0.1043	-0.6666	-0.0619	-0.0767	-0.2081***	0.0973
总人口数	0.4170***	0.4990***	0.4932***	0.5625***	0.6030***	0.5885***	0.6031***
人口净迁移率	0.3061***	0.3471***	0.2464***	0.3020***	-0.4442***	0.2229***	0.2783***
农业人口数	0.0737	0.1899**	0.0172	-0.1988**	-0.2499***	-0.2767***	0.2125***
农业人口比例	-0.3109***	-0.3137**	-0.3738***	-0.3945***	-0.4673***	-0.4188***	-0.3961***
会员总数	0.3661***	0.3561*	0.5313***	0.0150	0.1796**	0.2145***	0.6591***
正会员数	0.1872**	0.5490***	0.1399*	-0.1117*	-0.1067*	-0.1775**	0.3660***
赞助会员数	0.4423***	0.3324***	0.6387***	0.1858**	0.4839***	0.5205***	0.5871***
正会员比例	-0.2722***	0.5427***	-0.4873***	-0.2946***	-0.4727***	-0.5028***	-0.4074***
耕地比例变动		-0.3485**	0.1231*			0.1412*	0.1990**
农业人口比例变动			0.0463			0.0086	0.0297
正会员比例变动			0.2545***			0.2510***	0.1398*
农业总比例变动			0.2427***			0.2803***	0.2697***

1977 年与 1972 年情况大体相同，但增加了耕地面积和农业人口两个农业资源变项与总盈余有显著正相关。这可能是这段期间农会供销部普遍有盈余，而供销部的盈余与这两项农业资源因素有正相关的关系存在之故。1981 年与 1972 年情形完全相同，只有农会会员数，尤其是赞助会员数与总盈余的显著相关程度更为提高。除此之外，环境变动，如耕地比例变动、正会员比例变动和专业农比例变动等越大，也越利于基层农会总盈余的提高。如此可再验证都市化对农会经营绩效提升的影响。

以总盈余为指标评估农会经营绩效，似乎有失立足点的平等，就如前面分析得知总人口数与会员人数愈多，盈余额也愈高的结果即显示此现象。若以单位农业人口的盈余为指标较能代表农会绩效的真正意义。表7.15同时反映出1972年时总人口数、人口净迁移率与赞助会员数三变项与单位盈余有显著正相关，而耕地面积，农业人口数、农业人口比例、正会员数及正会员比例等变项则呈显著负相关，可知农会外在环境都市化程度越高，单位盈余也越高；反之，农业环境愈明显的地区，农业经营绩效亦愈差。1977年情况也是如此，而且各变项与经营绩效的相关程度更为提高。1981年最为显著，全部农业倾向的环境因素均与单位盈余有显著负相关，所有都市倾向的环境因子都呈显著正相关。此外，耕地比例变动、正会员比例变动和专业农比例变动等环境变动因素，变动越大农会经营绩效亦越好。由此推知，就现阶段农会业务而言，都市化是导致经营绩效提高的主要影响力。

再以逐级回归分析，结果如表7.16所示，1972年人口净迁移率及赞助会员数两变项为主要决定农会单位农业人口盈余的因素，影响力约为49%。1977年的主要影响变项次序为赞助会员数、人口净迁移率和农业人口数三项，他们对单位盈余变异量解释力达70.8%。到了1981年时显著影响因素变为正会员数及专业农比例变动两项。对盈余变异量的解释力达45.1%。

表7.16 环境因素影响农会单位盈余的逐级回归分析表

年份	变项	B	Beta	R2	F值
1972	人口净迁移率	0.1800 -02	0.5946	0.442	28.840 ***
	赞助会员数	0.1531 -04	0.2285	0.499	4.258 *
	常数	0.1538 -01	R2 =0.489	F =22.009 ***	
1977	赞助会员数	0.1787 -03			
	人口净迁移率	0.3289 -02			
	农业人口数	-0.9503 -05			
	常数	0.1619	R2 =0.708	F =36.417 ***	
1981	正会员数	-0.4062	-0.6956	0.399	37.571 ***
	专业农比例变动	-01.6557 -01	0.2358	0.451	4.317 *
	常数	2.8078	R2 =0.451	F =18.881 ***	

由近十年影响农会单位盈余的因素变化来看，早期都市化指标的环境因素较有决定性的影响力，到了中期都市化指标因素仍具重要正面影响，但农业指标的环境因素亦对盈余产生显著负面影响。到了后期农业指标的环境因素扮演更重要的负面影响作用，都市化指标的变项退居次要地位但仍为正面影响因素。

（二）总收益与环境因素

农会总收益指信用、供销、保险与推广各事业部门的收入减去直接成本。故总收益为未计固定及间接成本的各项收入的总和。本研究因缺少1981年以前的个别基层农会总收益统计资料，仅以1981年资料分析。表7.17显示市、镇、乡各类农会总收益平均为2427277元。其中市农会最高为5192000元，镇农会居中为3428018元，乡农会最少，仅为1866163元。他们之间并且有极显著差异存在。再由表7.18可知，总人口数、人口净迁移率、农业人口数、会员总数、正会员数、赞助会员数，以及环境变动的因素如耕地比例变数、正会员比例变动与专业农比例变动等均与总收益有显著正相关，其中总人口数、会员人数和赞助会员数三项呈正相关。农业人口比例和正会员比例两变项则呈显著负相关。然而自然环境指标的两个变项：耕地面积和耕地面积比例，未与总收益产生关联。此类情形与总盈余甚为雷同。农会外在环境变动越大，都市化程度越高，人口数越多，本身会员数越多，则资源的投入可能也越丰富，输出产品或服务的市场潜力越大，以致越利于总收益增加。外在环境条件越具农业色彩的农会，不但投入资源减少，输出的市场也有限，因此，则越不利于总收益的提高。因此，基层农会总收益的增加主要不是来自于农民，或直接从农业所得的投入；工商业的发达直接对农会经营效益产生冲击。

表7.17　1981年市、镇、乡农会总收益之变异数分析表

	市农会	镇农会	乡农会	自由度	F值
平均型收益（元）	5192000	3428018	1866163	（2239）	42.126 ***
总平均（元）	2427277				

由回归分析发现，赞助会员数、总人口数以及专业农比例变动率等三因素为影响基层农会总收益的主要决定因素，对收益变异量解释力约

达73%。因此农会的赞助会员数及总人口数愈多，外在环境变动率愈大，其总收益也愈高。充分显示工商业越发达、都市化越明显、越趋都市型的农会，其经营绩效亦越佳。

表 7.18　环境因素影响农会总收益之逐级回归分析表

变项	B	Beta	R2	F值
赞助会员数	72735	0.522	0.575	26.247 ***
总人口数	237307	0.421	0.690	17.463 ***
专业农比例变动率	1145254	0.194	0.726	6.002 *
常数	-42128585	R2 = 0.726		F = 39.827 ***

五、基本结论

台湾基层农会近年来在外在环境快速变迁的冲击下，各事业部门的经营绩效产生很大的变化。造成此种变化的环境因素，因时间及事业部门的不同而有所差异。因此分析不同时期农会经营效益与环境因素的关联性是本章的主要目的。

农会信用部经营绩效于1972年至1981年的十年之间变化很大，无论放款额、存款额及盈余增加率均很高。各基层农会平均放款额在这十年间增加5倍多，平均存款额也增加将近4倍，平均盈余增加率与放款额增加同为5倍强，而单位农业人口盈余则高达27倍之多。

信用部放款额与外在环境因素的关系。由变异数分析结果发现，放款额在1972年、1977年及1981年三个时期，均随着农会所在地区位性质的不同有显著差异，平均放款额依乡、镇、市农会次序增加。由相关分析得知，自然环境因素与放款额之间于1972年时，尚稍有关联存在，但在1977年及1981年相关性便消失，农会信用部放款额多寡并不会因其外在实质环境的不同，如耕地面积大小及耕地占土地面积多少而有所差异。然而社会经济环境因素和放款额相关性则较高，尤其是赞助会员数及农会会员总数两变项与放款额之间具有极显著的高度相关。农业人口比例变动、正会员比例变动及专业农比例变动与放款额也有显著正相关。可知农业环境变动愈大，农业条件愈衰退的农会，其信用部放款成效亦愈佳。影响目前基层农会放款额的因素，由逐步回归分析结果看，赞助会员数与正会员数两变项达 0.05 的显著水平，对放款额变异解释力达 81%，而仅仅赞助会员数一项即有 78.5% 的影响量，是为放款额最主要的决定因素。

在不同时期各类农会的平均存款额也依乡、镇、市次序显著提高。自然环境因素在上世纪 60 年代初期与存款额之间尚有低度相关存在，中期以后其关系不复存在。社会经济环境因素与存款额的关系到了上世纪 70 年代开始时，几乎所有变项相关程度均趋减弱，有些变项甚至消失其相关性。逐级回归分析结果中，只有赞助会员及专业农比例变动两项达 0.05 的显著水准，前者为主要决定因素，影响量达 78.3%，两变项合计对存款额变异解释力为 80.5%。

信用部盈余在不同时期也依乡、镇、市次序增加，且其差异极为显著。农业资源因素如耕地面积与农业人口等变项和各期盈余相关性甚低。反之，一般人口因素如总人口数、会员数及赞助会员数等变项与各期盈余呈显著高度相关。从逐级回归分析得知：1972 年时影响盈余最主要的因素为人口净迁移率，其次为赞助会员数，合计总解释力为 56.5%；1977 年时两因素的影响力次序相反，总影响量提高为 70.4%；到 1981 年决定盈余变异的因素仅剩赞助会员数，解释力高达 74.0%。

显然，自然环境因素如耕地面积与信用部经营绩效的相关性已逐渐消失；农业倾向因素，如农业人口与农会正会员等变项与信用部经营绩效呈现显著负相关现象。反之，都市化指标因素则与经营绩效呈现显著的正相关。同时农业环境变动越快亦越有利于信用部绩效的增进，并且赞助会员人数成为经营绩效最重要的决定因素。由此观之，台湾农会信用部的发展已脱离农业因素的影响，农会所在地都市化程度，工商业发达情形，已与信用部经营息息相关。近年来，农业衰微、经营无利可图、收入不佳，农民所得偏低，一般农民根本不可能有农场经营的盈余存放于农会。除了一些出售转移用途的农地所得价款存入当地农会，以及少数特殊农民存款外，其余大部分农会存款则来自于赞助会员及非会员，或部分农家的非农业所得。所以农会信用部的生存与发展似乎是仰赖当地工商业的繁荣与发达，相反的，地方经济的发展或工商业的进步，也从农会信用部获得很多资助。现今农会信用部对当地中小企业的贡献，不亚于对农民所做的服务。

“农会信用部管理办法”规定，农会信用部不得对非会员办理放款（存单质借及受托代放款项不在此限）。对赞助会员的放款总额也规定在直辖市及省县辖市农会信用部不得超过赞助会员存款总额的75%；在乡镇地区农会信用部不得超过赞助会员存款总额的80%。同时“财政部”也规定农会信用部办理非会员的存款，“财政部”得视其业务经营状况及农民会员的多寡，核定存款种类或订定最高限额或予以适当比率的限制或令其停止办理。在赞助会员成为农会信用部经营绩效决定因素的今天，对这些规定若不加严格执行或对农会非正式会员的借贷款比率不再进一步加以限制，台湾基层农会信用部服务对象则有主从易位的趋势。然而，在农业不景气，正会员比率逐年降低、赞助会员急剧增加、农会资金充裕、贷放困难等情形下，对非正式会员的服务限制太严，将导致信用部资金过多，难于消化，无法有效合理地运用。因此，为了使农会信用部继续不断成长，而又不失其对农民服务本质，以及对农业与农村发展的贡献，目前急需对农会信用部的体制及运作的策略详加研究与改进，以达成农会服务农民及发展农村的宗旨。

基层农会供销部经营绩效在1972年以前每年均为亏损，自1972年至1979年间几乎都有盈余，从1980年以后又转盈为亏。平均盈亏情形在市、镇、乡农会之间均有显著差异存在，到1981年省县辖市的农会则转亏为盈，其他类仍呈不稳定的亏损状态。一般环境因素与基层农会供销部关联逐年增加，1972年时几乎没有一项有相关；1977年时，农业资源因素与经营绩效产生显著关联，农业资源丰富与否成为决定供销部经营绩效的主要因素；到了1981年后，都市化倾向因素取代了农业倾向因素，都市化程度越高地区的农会供销部经营成效也越显著。

近年来基层农会供销部的普遍亏损可能有几点原因：（1）受外在法令规章的限制，台湾当局对供销部业务督导及管理的“法令规定”不尽合理，不适宜供销部的发展。譬如农会受当局委托或代办的业务开支大而收入少造成亏损。（2）供销部业务未受重视：总干事不重视供销部经营，一味注重较容易经营又较容易赚钱的信用部经营。把供销部当作副业经营，不积极主动开拓自营事业。（3）经营管理不周：总干事心有余而力不足，对供销部经营产生无力感。此乃本身未能充分具备或主动追求管理的知识与技能，并全力投入农会的组织管理工作上。随着外在环境的变迁，影响供销部经营绩效因素的转变，基层农会供销部经营管理策略若不加以改进，将很难突破目前的困境。

自1972年开始参与推广教育组织的成年农民、农村妇女及青少年数量，有逐年增加现象，到1980年达最高点，其后便逐年降低。参与率也以1980年为最高，达8.2%。显然，在农业人口逐年减少情形下，参与推广组织人数的增加乃农会农业推广绩效的具体表现，而参与率的提高，可能部分是受农业人口减少的影响。以地理区域来看，参与人数以镇农会最高，市农会次之，乡农会最少，其间并有显著差异存在。参与率则以市农会最高，镇农会其次，乡农会最后，但差异未达0.05的显著水平。造成此种现象是由于乡农会有人没有钱，即有很多农民但没有推广经费包容这些需要服务的对象；市农会则有钱没有人，农民较少，所以服务品质高，参与率就高；镇农会居中，有人也有钱，但经费不如市农会充裕，服务品质也无法与之比较，因此参与率居中，参与人数则较多。

从相关分析结果看，农业指标因素如耕地面积、农业人口、农会会员数等，与参与推广教育组织人数有显著正相关，而与参与率的关系，则变为显著负相关；但都市化指标因素如赞助会员数、耕地比例变动及专业农比例变动率则呈显著正相关。逐级回归分析得知，农会会员人数是促进参与人数及提高参与率的有利因素，而农业人口数变成降低参与率的决定因素。因此，就目前农会的农业推广绩效而言，农业环境变迁的结果对推广教育品质产生了很大的冲击。都市化程度的提高，农业人口的减少提高了农民的参与率，也提高了服务的品质。

就农会总体经营绩效而言，近年来农会总体绩效主要跟随信用部绩效而变化，两者基本一致。总盈余、单位盈余与总收益在不同时期各类农会间呈现极显著差异，并依乡、镇、市农会次序增加。这些农会整体经营绩效的指标几乎与所有农业倾向因素之间呈显著负相关，而且随年代的增加相关程度也越高。全部都市倾向因素也与整体绩效各指标呈极显著正相关，相关程度也越来越高。所以对现阶段农会业务经营，都市化是导致绩效提高的主要影响因素。逐级回归分析得知，近年来，影响农会单位盈余因素，在早期，都市化指标因素较有决定性作用；中期，都市化指标仍具正面影响力，但农业指标因素加入并呈显著负面影响；后期，农业指标的环境因素跃居为首要的负面因素，都市化指标因素退居次要地位，但仍为正面影响。同时，发现赞助会员数与总人口数愈多，以及专业农比例变化愈大的农会其总收益也愈高。显然，工商业发达、人口众多的都市型农会，经营成效自然比乡村型或山地型农会为高。

总之，台湾基层农会在1950年代盈余的主要来源为供销部，到了1970年代则转变为信用部。影响经营绩效的主体也由农业资源转移到其他社会经济的资源。近年来，农业环境的变迁、都市化的加速、工商业繁荣、工商人口的增加、农业人口的减少，不但增进了农会信用部及供销部的经营绩效，也提高了农业推广教育的品质。

第二节 用核心价值驾驶未来

一、快速变迁的环境

对台湾基层农业社会的农民组织而言，近年来的环境变迁对其构成了严重的威胁。亚洲金融风暴以后，泡沫经济的冲击使金融业与房地产业萧条不振，严重影响着农渔会信用业务的经营，而全球化的变迁使得农产业结构发生变化，冲击着农村社会，也使农渔会运销业务的经营雪上加霜。

加入世界贸易组织对台湾农渔业生产的效应无疑是其最重要的变迁。农产贸易的自由化、国际化都将直接冲击台湾农业生产环境，农业生产环境改变对于农会业务的经营也会有相当程度的影响。

1999年底的“农业发展条例”修订，将农地农有政策修改后，使农业生产条件产生重大变化；而2001年修订通过的“农会法”则对农会业务的经营造成十分重大的影响，除了理、监事等选任人员的资格限制、农会总干事的任期限制外，影响最深远的莫过于第五条修订：准许5家以上农会可以投资成立公司，并正式将农会业务经营导入市场经济体系之中，自此宣告农会做生意时代来临。

从数据上来看，台湾农渔会的经营确实陷入困境。1995年，农会的总盈余是1255300多万元新台币（下同），2000年度全农会综合盈余下降到398000多万元，5年间农会总盈余下降6成多，根据最新数据，

2001年度的亏损更严重，亏损可能超过盈余的金额。亏损的情形则是从1995年的3家农会增至2000年的35家以及2001年的54家。

虽然说，经济不景气是造成获利下降的主要原因，但是剧烈的环境结构变迁也是农会组织重新发展的契机。

寻求发展的契机，先要分析了解农民组织当前的处境及环境的关系，而后提出发展战略。

二、打造核心价值

如果采用SWOT的分析法，探究农渔会组织在业务经营环境中的优势、弱势、机会与威胁，那么可以明了台湾农会发展现状与趋势。SWOT法是管理学界应用分析产业环境最重要的工具。台湾农会当前的业务经营以SWOT分析如下：

表7.19　农会组织竞争优势分析表

优势： 1. 服务据点密集 2. 紧密的地缘关系 3. 农民会员对农会依赖程度高 4. 准公法人的属性 5. 各业务部门具有连环性的功能 6. 农会土地资产雄厚 7. 农会推广系统志工团体多且健全	弱势： 1. 农会工作人员素质差、专业性低 2. 主管机关多、协调不易 3. 会员结构老化 4. 年轻会员（潜在顾客）开发不易 5. 每届次选举弊端频传，影响组织稳定性 6. 组织区域即为服务区域的限制 7. 理监事与总干事权责不清 8. 各业务部门整合度不佳
机会： 1. 加入WTO之后必须依赖农会的完备组织体系的运作及推动当局提出多因应对策 2. 与社区结合、推动社区发展的重要组织 3. 社会大众对高品质、有机农产品的需求日益殷切 4. 业务竞争的压力促使农会会员必须学习新知识及新技能，以求新求变，导致农会成为学习型组织 5. 计算机及网际网络发展与农会业务结合，提升农会对会员服务的速度及效率，有助于竞争力的提升	威胁： 1. 面对加入WTO对农业经营及农民的冲击，间接影响农会经营 2. 一连串农会挤兑风波及选举纠纷，造成农会公益性形象受到严重打击 3. 农会组织体系间缺乏垂直分工整合及水平联结 4. 组织定位不明，影响业务开拓与开办 5. 随着保护措施逐步撤除，农会由免税组织成为应税组织，将使得农会盈余大幅度缩减，导致对会员及服务区域的回馈减少 6. 金融机构开放与竞争，导致农会信用部在服务区域内独占或寡占的情形不再 7. 产销班及农业合作社场的蓬勃发展，瓜分了农会的农业生产资料供应及农产品运销

从表7.19左栏看出农会的各种优势和机会，从表7.19右栏看出主客观不利因素。核心能力，不但是企业的主要生存因素，也是扩张企业版图、介入不同市场的制胜武器。

寻找农民组织的核心能力，不但是保障农民组织生存的主要因素，也是发展业务的基本功。换言之，农会要跨入市场经济就要先了解本身的核心能力，方能够有效选择所要进入的市场，获得商机。

根据农训杂志最近针对农渔会所做的经济事业大调查发现，农渔会在台湾市场中拥有许多优势：

首先，拥有台湾最主要的农产品运销体系。根据调查，全台的农渔会共经营有23家鱼市场、103家购物中心、58家生鲜超市以及12家生鲜处理场。加上农产品的加工制造，全台的66个农渔会经营87家农产品加工厂。如此的事业版图不仅是当前流通事业龙头7－11所没有，相信全台也没有一个单一事业集团能够拥有如此完整的体系，等于在农产品产销的上、中、下游事业价值链建构完整，同时遍布全省各地。

第二，农渔会所提供的商品服务比7－11还多。台湾农渔会的食用、供销、保险与推广业务50年来提供了所有有关消费的金融、保险、农产品销售、生活服务等商品，比仅提供货物末端销售的7－11来说，农渔会所提供的商品服务数量显然超出许多。

第三，农渔会业务经营拥有令人钦羡的顾客忠诚度。重复消费是商店追求的成功要素之一，台湾农渔会拥有180万个忠诚的消费户数，这是一般企业组织数十年的努力都无法达到的。

第四，农渔会事业的经营核心是人，重视人及其全方位生活所需，这是与一般事业经营最大的差异，同时也是农渔会最重要的优势。因此他们发展出一套迥异于利润追求的经营文化，而此正是21世纪后现代经营法则所追求的。

第五，农渔会拥有庞大的经营资源。包括土地、资金、人才以及相当多业务经营的技能，如托儿所经营、农业金融等都是市场经济中具有竞争优势的核心能力。

在农渔会组织核心能力的基础上，农民组织转型策略有以下三项：

（一）业务经营专业化

人员素质的提升是农民组织成功跨越下一个世纪永续发展的基础，

唯有高品质的人力资源，农民组织才有能力掌握市场脉动，研发各种服务商品，效率化种种业务行为，并有能力为农民团体未来的发展拟定蓝图。

高品质的人员素质不仅限于具有高学历高级专业技能的人员素质，而且应该加上对农业、农民以及乡村的认同与关怀。

人员素质的提升可以从人员招募以及人员在职训练两方面加强。在农会人员素质提升的工作中，人员的在职训练更显重要，因为学历仅能初步代表人员的基本专业能力。是否适应职场的要求？是否有能力因应作业流程的变迁？以及工作情绪商数如何？这些都是要通过人员聘用后在工作场合中的表现方能了解的，人员的任职训练已广为企业界所重视。

农会对于人员在职训练的重视并不亚于一般企业，不但将任职训练的必要性明订于“法规”中，更是每年固定提拨盈余的2%用于在职训练工作上，并以此经费成立了台湾农民团体干部联合训练协会，以提升农渔会同仁发展人力资源的工作。在农训协会成立的20年中，已有25万人次的农渔会会员参加过本会所举办的各式在职进修研习，对于提升农渔会整体人员素质有着显著的助益。

随着市场环境、会员需求的变迁，农训协会针对农渔会会员所设计的各项专业训练课程朝向更加活性化、多样化以及专业化的方向发展，以满足农渔会各项业务发展的需要。

（二）营业项目多元化

倾听市场的脉动，商机无所不在。农会在拓展本身的业务内容时，必须是在符合农会使命与核心能力的前提下，依照顾客服务满意的导向，因应市场发展具地方特色的业务服务内容。

以双休日所形成的休闲旅游市场为例，台湾消费大众对乡土文化、本土社区意识日趋重视，而农渔会拥有得天独厚的自然资源、人文资源、产业资源，长期对乡村文化的保存与维护又是有目共睹，这些只要加以包装美化、修饰之后都可以是引人入胜的商品资源。

根据农渔会组织的核心能力以及所拥有的通路资源，农民团体可致力推动以下三项业务：

1. 积极筹设物流中心公司。农会目前有超市58家，购物中心100

多家，但是欠缺强有力的统仓供应中心，农会系统如能筹组物流中心，建立强而有力的物流通路，可降低进货成本，与企业团体竞争，保有市场的优势。

2. 筹设农业休闲旅游中心。目前农业第三产业是旅游业，农会可以在本身丰沛的人力资源、财务资源以及自然人文资源的基础上顺势发展此项事业。

3. 配合当局的环保政策发展相关产业。环保是世界发展的趋势，农会应发挥公益社团的功能，广设资源回收站，教育消费者树立环保观念，建立有机农业基地，让大自然回归自然保育的循环链，不但可配合当局推动环保政策，亦可使环保上、中、下游环境形成，让农民团体扩大其业务经营的版图。

(三) 业务经营行为自主化、市场化

业务经营行为自主化、市场化，指的是各农会能够在符合农会组织目标、使命的前提下，为求符合顾客的需求、市场变迁趋势的需求以及业务的积极发展，自主地进行各项经营决策。自主性的业务经营决策包括：服务内容的自主判断、组织结构的活性化调整以及资产合组公司，但是对于其投资的标的、方式及业务经营的内容仍留给主管机关相当大的管制权，当局主管部门应以辅导、协助的立场多予农渔会组织业务经营的自主空间，共谋乡村社区发展之最大可能。

第三节　新形势下农渔会革新之路

一、农会革新发展方向

(一) 调整农会组织结构适应外在环境变化

台湾农会从创立至今有一百多年的历史了，中间经过数次变革，但自 1949 年将农会与合作社合并为一体之后，就成为现制的多目标功能的组织。除了 1963 年增设保险部外，其他组织结构一直没有多大变化。然而外在环境却已发生巨大变化，农业萎缩，工商发达，都市化加速推行。台湾农会仍以 1950 年代的结构，尽 1980 年代的功能，组织结构与业务范围或内容未能随环境变迁而调整，以致大多数农会仍墨守传统的作业程序与方式，无法有创新。研究已肯定，环境对组织结构有明显的影响，在变动环境下，组织应采取有机形式的结构。当今若要提高农会的组织效率，务须调整组织结构，以适应外在环境变迁的需求。组织结构调整应依不同类型（乡村型、都市型与山地型）农会，发展适当结构，配合不同环境情况，调整业务范围以及采用弹性的作业程序与方法，以增进农会的功能。

（二）改进农会信用部的管理与监督办法

目前农会信用部的管理机关甚多，也相当复杂。它们对信用部的管理与监督一视同仁，采用统一的考评监督方式。虽然对不同类型农会信用部的管理办法，已稍有差别，如为存款比率的规定，但大体而言，弹性太小，无法针对问题，满足个别类型农会的需求。举凡存放款对象、存放比率、放款科目、房贷手续、诚信制度、盈余提拨以及各农会间资金相互流通与调剂制度的建立等，均须谋求改进，并依不同类型农会订定弹性管理规定，以适应各农会信用部的发展。

（三）加强供销部经营管理

虽然近年来都市化对农会供销部产生了一定影响，但外在环境因素一向对供销部经营绩效影响较小。换言之，也就是供销部经营绩效与外在环境关联性较低。近年来，大多数基层农会供销部经营呈现亏损，这种现象除了少部分是由外在环境因素造成外，大部分可能要归因于经营管理的不善。因此，今后一方面有关主管机关要加强基层农会供销部业务经营的分析研究，以改进目前经营管理的缺失；另一方面，农会经营者本身更应注重管理工作并积极开发新的自营事业，对农民加强服务，以尽供销部更大效能。

（四）加强农会会员的吸收

自1970年代后，影响农会业务经营的主体由农业资源转移到人口。人口因素中农会会员数（正会员及赞助会员）是影响农会经营绩效最重要的因素，尤其是赞助会员数已成为信用部经营绩效决定性的因子。农会为会员组成，会员人数的增加，对农会而言，等于是促进资源的投入。从环境中投入一个组织越多越丰富的资源，它也就越能顺畅运作，以转换更多更有效的产出于环境中，如此，组织的效能也就越显著。加强会员的吸收，包容更多农民与工商人士于农会中，乃提高农会经营绩效的有效途径之一。

（五）改进总干事遴选制度

每届农会改选，总是在地方上闹得满城风雨，带给主管机关与辅选单位很多麻烦。有些农会改选甚至有难产的现象。目前农会总干事由当局遴选，推荐给理事会聘任。当局遴选旨在推荐优秀人选担任总干事，只是对现任总干事认为表现不错者，即以推荐现任一人强逼理事会续聘之，其他有能力即有志之士毫无参与竞争的机会。此举无异于台湾当局指派，不但有失公平，也不符合“法治”精神。没有任何一个人民团体的负责人是这样产生的。究其原因就是农会政治性目标过于强大。农会有钱，也有影响力，为获得农民支持，得先控制农会。总干事为了继续连任，不愿放弃既得利益，经常忙于“外交”轻于“内政”的结果，维护了既得利益，但却疏于对农会的经营管理工作。为长久计，有关机构应及早改进此种遴选制度。在短期内无法改变情况下，对总干事人选的推荐不应只有一人，给予理事会毫无选择的权限。遴选资格应从严规定，学历应该以专科以上学校教育程度并有相当的有关工作经验为原则。个人能力方面也应以专业训练、工作经验、性格特质和其他具体成就为根据。对现任总干事管理能力的评鉴，仍应以代表个人能力的指标为依据，而不得以整个农会经营绩效作为个人的能力表现。目前农会经营绩效与外在环境有着密切关联，都市化因素已成为经营绩效主要决定因素。如果不考虑外在环境，而一味将经营绩效归于总干事个人经营管理的结果是不正确的，所以审查也应请有关学者专家订定一套客观有效的办法，通过立场超然的专家审查委员会审查。最后再将所有合格名单送给理事会，就合乎标准的人员中聘请一个为总干事，如此才符合民主法治精神并避免诸多弊端。

（六）加强教育训练提高工作人员素质

人力是组织最重要的资源。组织效率高低主要取决于组成分子是否优秀。农会人力素质的高低也是影响农会经营绩效的重要因素，所以改善人力因素乃增进经营绩效的重要途径。目前台湾基层农会工作人员素质偏低，大专教育程度工作人员仅及 10%，高中（职）毕业者占 70%，初中（职）以下者也有 20%，近年来新进工作人员仍以高中（职）毕业为主，可见农会工作人员素质亟待提高。在快速变迁的环境下，工作人员素质低下，不但影响了适应环境的能力，而且组织的创新也会受到限制。农会工作人员素质的提高，可经由提高教育程度及加强职业训练方面着手。1. 提高工作人员教育程度：对新进人员应限制为大专毕业者报考，或以大专毕业为优先录取对象，尤其是主管人员、企划人员及业务主办人员更应该严格限定条件。2. 加强工作人员职业训练：提高农会人员的教育程度，因限于制度及现实情况，难于一蹴而就。因此加强工作人员职业训练乃目前提高人力素质适当有效且可行的途径，可按以下三种方式进行。（1）职前训练：训练的目的在于了解农会组织、工作伦理、工作方法与技术，以及与工作有关的法令规章等。（2）在职训练：由于社会环境的变迁，知识技术的进步，工作人员服务一段时日后必须接受或吸收一些新的知识与技术，才能应付工作与业务的需求。因此，专业性的知识与技能训练是不可或缺的。（3）在职进修：在职进修能提供系统性或连贯性的学习，并较有激励作用。各农会为业务需要可保送工作人员就近到有关大专院校选修半年或一年有关课程，由学校发给学分证明。不过进修后的奖励程度应加以建立才有鼓励作用。

（七）加强农会各部门的联系与协调

台湾基层农会组织是信用、供销、推广、保险四位一体的业务体制，本具有多目标功能的连环性特质。然而目前各部分间并非如预期的联系与配合的那么密切。它们大多各自计划、自求发展，连环性功能作用甚少被强调，因此许多沾了都市化的光而发达的农会信用部，便一枝独秀，其他受外在环境影响较小的部门便无法发展起来。若能加强部门间的联系协调或互相支援与配合，可能情形会有所改善。譬如，推广人员协助信用业务的推展与征信工作，并支持供销业务计划的推动；信用部门配合推广计划的执行所需的资金贷放及供销业务的开拓费用；而供销部也可针对推广计划的实施，供给农民生活资料及运销其产品，同时也可办理农民贷款购置生产器材，协助消费信用部过多的资金、贷款，均可达成连环性的多目标功能。农会各部门间如能加强彼此配合，相互支持，密切联系与协调，相信可以促成农会各部门较平衡发展，并提高整体经营绩效。

（八）扩大农会服务的范围与对象

由于社会与环境的变迁，农业结构产生巨大变化，农民的需求也随之改变。再加上都市化快速进行，工商业发达，农业人口锐减，农会经营受到冲击，尤其是都市型农会，正会员减少、赞助会员增加，结果，农会找不到服务对象——农民。同时传统的服务内容与方式并不能满足现在的农民需求。因此，外在环境变迁后，农会的服务范围与对象不应限于农民的耕作知识与技术以及农家所得的提高与生活改善。服务对象与范围似应依不同类型农会调整。都市型农会因农民数的减少，服务对象不应局限于农家，举凡在农会所在地的社区，都应包括在内。社区居民即为其服务对象，如此才符合取之于社区用之于社区的意义。服务的范围也不应限于农业，凡是与乡村或社区发展有关的工作也可列入服务范围，例如文化福利工作及其他社区改善工作等，农会都应义不容辞参与。目前都市型农会盈余不少，推广经费充裕，有些农会不知如何有效运用，如果农会能多参与社会福利及教育文化工作，如社区图书馆的设置及充实，不但可疏解缺乏乡村或社区图书馆的情况，而且也可形成一股推动文化生根的力量。不过，话说回来，为了符合农会设立的宗旨与精神，农会的服务对象与范围，仍应以农民与农业为主，行有余力才扩而大之。

二、渔会革新发展方向

事实上，渔会对于繁荣台湾渔村经济、安定渔家的生活，以及提供民众优质鱼产品，有其一定的贡献。然而近年来，随着台湾社会结构及政治经济环境的急剧变迁，渔业产业所得相对于其他产业有偏低的现象，以致渔业人口逐渐外移，渔民组织功能也随之相对萎缩。特别是自台湾加入世界贸易组织后，渔村经济发展遭遇不少瓶颈，财源支持及经营管理人才均显不足，渔会组织功能亦未适时调整，以致未能有效解决渔民的问题。又逢渔民权益意识觉醒，新兴渔民组织纷起，为渔民争取福利及权益之组织不再仅限于渔会一种，尚有渔权会、各种渔业协会及陆续成立的渔业策略联盟等团体，以往由渔会独享或独厚于渔会的资源不再，渔会基层也兴起再造的呼声。因此除了人力资源、产业经营因素外，就以财务的管理来得最重要。一般在渔会掌管财务会计者常被视为是被动，甚至是静态保守的错误刻板印象的账务管理人，尚不知财务管理之重要性以非旧有之定见，在现代已朝向积极开源、有效地管理动态财务会计理念运作。所以财务管理是一种技术，可把整个渔会企业体之活动经过及有关资料，做精细而正确的纪录、合理而适当的整理，以及充分而明晰表达，以提供给决策者作为厘定各项经济营运的依据。

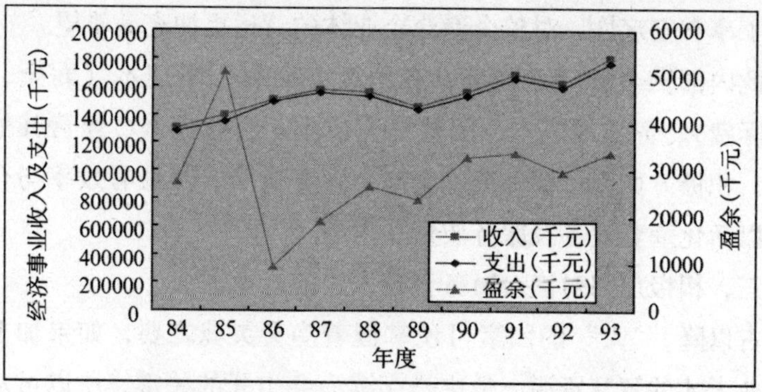

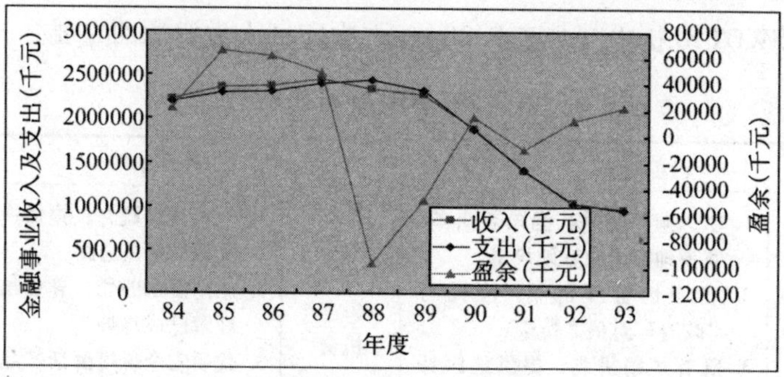

图 7.1　渔会经济事业、金融事业收支图

做好渔会财务管理，有管理面、应用面、稽核面等三项工作重点：

（一）管理面

首先，要有专业职能及良好品德做好财务内部控管。

“若要善其事，必先利其器”。尤其是财务管理者在管控成本时的先决条件必是要具备专业财务会计专业知识及品德，同时对时势的财经要有所了解，才能精准掌控渔会企业体的成本效益，做出正确判断，调整资金的应用，创造出成本利润收益。并能从财务的缺口做有效分析及防范弊端产生；因此一位称职的高尚财务内部控管者可说是一个渔会企业体能否永续经营长存之精算师及导引者，亦是渔会决策者的最大依柱。

其次，能在合法范围内有效调节渔会内部资金管理才能。

现实社会里渔会是属非营利公益社团法人，又属盈亏自负的营运体，因此很难用管理绩效来评核全渔会的好坏，但又要考虑到永续经营，所以适当、有效调节渔会内部的资金应用就显得非常重要，同理，在财务相关规定下以最有效率的财务损益两平衡点，做出最适当的财务结构规划使全渔会能达到收支平衡外，更能创造出附加价值的财富，让全体员工享有安定性，对整个渔会企业体的营运更加充满希望。

因此内部资金管理的调节，在消极方面有人事成本（薪金、差旅费、交际费）、务费用成本、闲置资金成本、会议成本、经营其他事业成本等；积极方面则可精确统筹全渔会财务资金，做最有效率与合理的配置，以活化渔会业务及服务质量。

第三，积极加强对渔会财务管理人员的专业训练。

自古以降，“人”的因素可说掌握着渔会灵魂之要，如果加上财务管理专业人才的智慧资源，那更是存续渔会生死的关键，所以可从渔会经营之SWOT分析中（如表7.20），再次印证人力资源的重要。

表7.20　SWOT分析表

内部条件		外部条件	
优势	1. 组织架构完整、渔民数众多，掌握地方渔业软硬设施 2. 自主性管理机制，渔民与“政府”对话之桥梁 3. 既有产销机制，提供地区特色水产品 4. 公益形象，办理营销及文化休闲较为容易	机会	1. 吃鱼健康概念，提供渔产品的配销场所及通路 2. 旅游需求殷切，异业结合多角经营已成趋势 3. 优质安全现捞鲜活产品日益受到重视，容易区隔市场 4. 资源保育受到重视，承接各部门项目计划，营运多元发展
弱点	1. 营运受制于理监事，企业化不易施行 2. 法令制度面无法突破，缺乏专业经理人 3. 诸多设施老旧，鱼市场利用率不佳，整合管理不易 4. 文化及促销活动多数未能结合周边景点开展	威胁	1. 环境区位及交通网受限，难以营造特殊风味的旅游环境 2. 国外进口产品直接进入零售市场，质量及服务导向成为成功关键因素 3. 金融机构蓬勃发展，压缩渔会信用部经营

可见对渔会最庞大的资源，若能善加运用，对其业务之拓展是一大帮助，但渔会财务管理人员有所成就的更是凤毛麟角。因而想要突破渔会先天条件的弱点及制度僵化，营运企业化不易施行，其解决之道首先就得从训练财务管理人员素养开始，进而提升理财专业技能，使其超脱

旧有静态保守的财务管理人状态，朝向新时代财务经营管理专业人才制度迈进。

所以台湾基层农渔会训练机构——台湾农民团体干部联合训练协会，就是扮演着今日非常重要的培训机关的角色。同时也盼望台当局能为农渔生存培养干部的机关做有效的投资与辅助，使其更发挥成效，关注台湾未来农渔新希望。

（二）应用面：善于利用富裕资金创造最大收益效能

1. 在讲求现代企业经营理念中，渔会应有效做好财务杠杆投资与资产管理，以有限富裕资金增扩收益。

以前渔会财务会计时常被人嘲讽为传统呆板的记账人员，但曾几何时在时代要求及现实转型生存压力下，他们不得不走向现代专业财务管理人角色，承续着利率风险管理、存汇风险管理、授信风险管理、投资杠杆风险管理、征信风险管理、财务政策转型风险管理、非理性的财务风险管理等专业领域，开拓性地善加应用富裕资金，做积极有效投资，创造出渔会最大财务杠杆倍数收益。

2. 财务风险与财务杠杆。

（1）财务风险。这是企业在财务调度上的风险，一个在业务上能够获利的企业如果财务调度不当，例如应利用资本为资金来源，而用了借款，应用长期借款却用了短期借款，或是流动资金不足，流动比率偏低，依然会遭遇困难，甚或倒闭，如果财务管理良好，不唯可以提高企业主所得到的利润，其贡献亦不容忽视。财务管理并非绝对不冒财务风险，而是求财务风险与业务风险之适当配合，以为企业创造更大的利润。

（2）财务杠杆。在资本结构中，利用一部分固定利率资金。例如公司债或特别股（优先股）等，由于支付公司债的利率或特别股的股利是事先约定的，如果企业的投资报酬率高于此固定利率时，则支付公司债利息或特别股股利以后，所余归普通股享有的利润便增加。这种情形就普通股而言，其投资报酬率可以提高，便是有利的财务杠杆。

（3）财务管理之功能。财务管理工作，必须兼顾资金运用的流动性及获利性，一方面防止企业的财务风险，一方面尽量增加投资人将来收入的现值。美国约翰逊教授说：资金运用，必须是所谓聪明的及经济的投资。如过多的现金、过多存货、机器设备损坏停工等等，均为公司资金运用不当，发生损失；又如应收账款长期延滞，亦会影响到资金运用的利益，甚或招致损失。

3. 把闲置资产做有效管理及应用增加收益。

在现今台湾的渔会团体中有许多闲置资产，如旧渔港鱼市场仓库、晒网场……不一而足，既浪费闲置又过重荒废。对渔会造成另一种成本的负担，而当中有些不乏可创造出第二春商机的绝佳风景文化地点，如能把这一些闲置地方做有效资产重估，再加上一番重点整顿，那一定是可化腐朽为神奇之功，创造碧海蓝天之效，亦能为渔会经济创造出无可限量的收益！

4. 放宽现行规定许可，对渔会财务做最好的货币市场及资本市场投资，以增加经济收益。

近十年来（1984 - 1993），从渔会各事业收入、盈余及本益比表，1992 年度渔会资产负债及本益比表中得知，除经济事业收入较为稳定外，金融事业呈现了收入及盈余大起大落的趋势；尤甚者更是侵蚀到渔会的净值，渔会界不得不慎思其财务管理的重要性了。

表 7.21　渔会各事业收入、盈余及本益比

年度	经济事业收入（千元）			金融事业收入（千元）			综合事业（千元）		
	收入	盈余	本益比	收入	盈余	本益比	收入	盈余	本益比
1984	1305297	27400	0.0214	2216502	21162	0.0096	3521799	48521	0.014
1985	1398777	51057	0.0379	2358931	65538	0.0286	3575707	116595	0.032
1986	1505030	9278	0.0062	2370828	60987	0.0264	3875858	70266	0.0185
1987	1575079	18977	0.0122	2488188	48763	0.0203	4023267	67740	0.0171
1988	1561308	26577	0.0173	2337405	-97381	-0.04	3898712	-70803	-0.0178
1989	1464135	23642	0.0164	2278145	-48474	-0.0208	3742280	3365568	-0.0066
1990	1561511	32805	0.0215	1891607	14821	0.0079	3453118	47626	0.014
1991	1689029	33783	0.0204	1400731	-10589	-0.0075	3089760	23194	0.0076
1992	1624441	29478	0.0185	1049376	11939	0.0115	2673818	41416	0.0157
1993	1801874	33652	0.019	974358	21827	0.0229	2776233	55479	0.0204

表 7.22　1992 年渔会资产负债及本益比

渔会别	甲类会员	员工人数	流动资产（元）	流动负债（元）	流动比率	资产转额（元）	负债总额（元）	负债比率	本期损益（元）
台湾省	0	45	1592121645	1626891275	0.9786	2.031549522	1940730704	0.9553	470986
高雄区	29443	177	114287950	227507039	5.0279	1893663406	1261647254	0.6662	-1745164
小港区	13928	43	371001409	55785601	6.6505	538867591	506704606	0.9403	439530
基隆区	6384	120	228703133	30925388	7.3953	768929009	503180233	0.6544	1907908
苏澳区	19741	75	449885432	122012458	3.6872	944420813	799393596	0.8464	1321956
头城区	10023	54	965428516	120286754	8.0261	1827772765	1529040726	0.8366	1388288
实察区	5844	19	74173825	66676850	1.1124	138258663	100035885	0.7235	238294
瑞芳区	3858	28	328445497	27400797	11.9867	809530671	743571296	0.9185	930032
万里区	5349	38	612220800	37597803	16.2834	1022865116	893810701	0.8738	563271
金山区	8118	16	41417983	32913031	1.2584	119451985	49495388	0.4144	435820
淡水区	5787	27	81920467	76643971	1.0688	113411797	88075418	0.7766	155041
桃园区	1447	23	1005727753	25480578	39.4704	1377831239	937901674	0.6807	1948770
中坜区	1543	9	331860326	21017787	15.7895	488608171	112148093	0.2295	1239604
新竹区	11351	47	294770549	65593568	4.4939	747537729	488949780	0.6541	27513423
南龙区	5503	26	477525362	44567488	10.7147	1137181481	10118562906	8.8979	963.129
通苑区	1647	26	320188989	30516670	10.4923	630608678	558278138	0.8853	546416
亚中区	5224	83	16743541	17734632	0.9441	329858869	91060885	0.2761	3215171
日月潭区	2643	6	6934682	5770610	1.2017	36447669	6867051	0.1884	19197
彰化区	17719	98	3090489992	67663392	45.6745	5539633461	5141827439	0.9282	12150223
云林区	24228	71	1466187251	61153069	23.9757	2602703765	2443731929	0.9351	1595396
嘉义区	21435	119	1682889641	81184394	20.7292	3346129870	3058604637	0.9141	2504167
南县区	39881	88	2124113747	216460613	9.8129	3301816041	3121224891	0.9453	2683831
南市区	16978	67	981028597	176948517	5.5441	1893654913	1806450241	0.9540	2893236
界达港区	4201	56	514273680	39981275	12.8629	1328528265	1122095976	0.8446	-10363593
卒官区	3480	44	44929742	114461854	0.3925	334962014	157091689	0.4690	85730
弥陀区	2690	33	1231994777	32607855	37.7821	2348916916	2182115815	0.9290	580000
永安区	4339	20	584118586	3763271	155.2157	991270121	911420188	0.9194	-4685009
林园区	7448	33	338238970	36408966	9.2900	638514386	529839679	0.8298	-5130970
东港区	9335	159	1252355162	50323640	24.8860	2200287992	1936696106	0.8802	3888812
林边区	5425	30	636801074	33003724	19.2948	1284273064	1251875640	0.9748	7727969
坊察区	5746	18	54193899	32963146	1.6441	151972533	42999256	0.2829	514594
琉球区	4197	29	903577594	22994032	39.2962	1593088802	1495467283	0.9387	5303516

续表

渔会别	甲类会员	员工人数	流动资产（元）	流动负债（元）	流动比率	资产转额（元）	负债总额（元）	负债比率	本期损益（元）
恒春区	6108	22	20972839	19916586	1.0530	77556311	30860184	0.4979	189885
一东区	2291	10	21183921	17.951440	1.1801	169565060	31576732	0.1862	237337
新港区	3298	48	523074713	38475975	13.5948	1659163859	1659163820	0.7762	2726515
缘岛区	468	12	11167490	6590937	1.6944	51122260	16751069	0.3277	58.166
花莲区	2970	22	45679339	73934115	0.9786	169496070	97454643	0.5750	49935
澎湖区	17541	85	710009670	96834928	5.0279	1339162192	1250735259	0.9340	1055289
金门区	2812	24	47208687	38759945	6.6505	88550650	53475372	0.6039	742749
马祖区	1083	13	18.447064	12085393	7.3953	23886882	20000638	0.8373	818817

在规定许可下，渔会企业体可做货币市场（如短期票券、银行可定期转让存单、股票、汇兑等）及资本市场（如公债、金融机构债券、公司债等），做有效短、中、长期之杠杆投资，以增加渔会更多利润，进而提高信用部资本适足率，促使全体员工享受更多的薪金福利，并提升对渔民服务质量，帮助台湾渔业政策推展。

（三）稽核面：由渔会财务报表检核出未来营运方针

渔会营运绩效可从动态（指一段期间，通常是一年期）财务报表分析其优劣，作为弥补缺失及调整全渔会营运方向的依据。换言之，渔会财务经营分析，就是将渔会的资产负债表及损益计算表以及有关账务报表等数据的内容，以财务管理观点加以检讨，判断渔会财务是否健全，在经营管理上的效率及收益情形是否达到良好的程度等，以探求渔会财务经营上的缺失，检核未来营运方向，谋求业务拓展及绩效提高。

因此，渔会财务经营报表分析的目的，主要有下列两项：

一是，了解渔会财产的消长。渔会的经营从交易的发生至损益的增减，往往使财产不断产生变化，这种财产的增减变化，渔会总干事、各部主管以至主办人员，都应随时密切注意。因此每届营业终了时，应就其编列年度财务会计报告，详细加以分析，借以了解财产的消长，进而改善管理的方法和营业政策。

二是，检查渔会经营的体质。渔会的经营，往往由于资金没有适当的调配，或者人为的因素，而使业务经营情形发生种种不良的现象，这种现象如果不对财务会计报表所列的资产、负债和损益项目，分别比较和分析，则其所潜伏的病症很不易发现；相对的也能很快从中理出渔会经营病症的针砭处。可见财务报表分析对渔会在讲求现代企业体的经营中是何其重要！

（四）法律支持

1. 修正“农业金融法”第十四条。

对渔会信用部对隶属其渔会的经济事业部门办理内部融资，其余额应放宽为以全会（非仅以信用部）的决算净值百分比，换算为依其渔会等级划分的融资额度，以灵活安排渔会转型时发展产业所需的周转金，以合乎现代企业经营理念。

2. “渔会财产处理办法”第四十三条。

建议放宽现行渔会会议费用及综合管理费，按上年收益比率分别编入经济及金融事业运算规定，修正为请依渔会依实际收入做有效弹性的配置，在各事业部门预算内，使渔会财务调节更有灵活度。

3. 开放并辅导渔会财务在货币市场及资本市场的“投资法令”修正，以增强渔会财务杠杆利润收益。

现今台湾渔会规模大小不一、参差不齐，营运能力先天又受到限制，在讲求“优质服务不打烊”的成本概念上，加之经济及金融事业收入有限，利润难以提升，效率、效果也充满挑战，而组织气候亦常受制于当局政策相当程度的左右，短期间实无积极作为，而人事及各项服务成本每年不断提升，可创造利润的事业又少，加以效率效能未受重视等种种恶劣条件，最有效又积极改善的方法就应先从“如何做好财务管理”工作开始，利用渔会企业体的全体资产、资源创造出“小而美的金流”效能，辅助渔会转型成功，让这种基层企业体在台湾当局与渔民间取得永续经营的平衡角色。

第四节　台湾渔会的奇迹——彰化区渔会

彰化区渔会由于历届选、聘任人员上下一心、团结一致，历年各部门的盈、结余成长迅速。固定资产由 1977 年的 520 万元，已达如今的 2 亿 4000 万元。连续 12 年被台湾当局评定为全省绩优渔会，创造了台湾渔会的奇迹。

新世纪伊始，面临加入 WTO 组织，岛内经济情势恶化，当局推行严苛农渔会金融的政策。彰化区渔会为了全体渔会会员的福利，为了渔会的生存，号召全体员工同舟共济，上紧发条，勇往直前，为新渔会的目标打拼。

一、彰化区渔会沿革

1902 年，彰化鹿港地区渔民，由施范其代表发起成立鹿港渔业组合（事务所设在鹿港后寮仔街百蕃户），其目的以渔具、打渔法的研究改良及发展渔业为主。

1903 年 5 月，经彰化厅认可，彰化厅长须田纲鉴从日本熊本县延聘乌鱼子制造技师，至鹿港渔业组合教授日本乌鱼子制作方法。

1908 年，改组为彰化水产组合。

1925 年，台湾总督府颁布施行渔业法、组织渔业组合会等，本县境内各渔民集中地区，陆续成立渔业组合。

1926 年 12 月，线西地区渔民组成“线西渔业组合”。

1928 年 2 月，成立“王功渔业组合”，会址在北斗郡沙山庄王功 589 号。

同年三月，“沙山渔业组合”亦成立于沙山庄沙山 622 号。

1931 年 9 月，鹿港草港尾一带渔民成立“草港尾渔业组合”。

1932 年 5 月，鹿港街渔民另成立“鹿港渔业组合”，会址在彰化郡鹿港街菜市头 433 号。

1937 年 3 月，鹿港渔业组合规定，鹿港渔业组合改组为“保证责任鹿港渔业协同组合”。

1945 年日本政府为加强统治，公布“水产业团体法”，所有渔业组合均改为“水产业会”。

光复后，1947 年台湾当局依据“渔会法”及“合作社法”的规定，将“水产业会”的技术指导与行政部门改组为渔会，经济部门改为“渔业生产合作社”①。

---

① 台湾彰化区渔会网站，http：//changhwa. etaiwanfish. com。

1951 年，又将上述两者合并。

1952 年，又随着行政区域的调整再次改组，沿海乡镇均设乡镇渔会，并设县渔会于鹿港。

1956 年，渔会改组，取消县渔会，将乡镇渔会改为区渔会，本县辖区内有鹿港、新（伸）港、线西、福兴、王功、芳苑、大城等区渔会。

1962 年，伸港区、线西区两渔会合并为线伸区渔会；芳苑区、大城区渔会合并为芳城区渔会。

1965 年，又再将上述合并渔会划分开来。

1977 年 4 月，彰化县政府按照当局颁布的“渔会法”修正案，将县内 7 区渔会合并成立“彰化区渔会”，会址设在原彰化市彰化鱼市场三楼。

1984 年，彰化区渔会迁移到鹿港现址，并于各区渔会分设办事处 7 处，就近服务渔民①。

二、渔会组织结构

光复后，渔会经过数次改组。1956 年渔会改组前，彰化县设县渔会及乡、镇渔会。县渔会设理事长 1 人，常务理事 2 人，理事 5 人，常务监事 1 人，监事 2 人，由理事长综理会务，其下置总干事 1 人，分总务、经济、指导等三课，负责发展本县渔业及为渔民服务谋取福利。

1956 年全省渔会改组后，渔会由三级制改为二级制，撤销县渔会基层，设区渔会，本县辖区内计有新港区渔会（会员 2144 人），线西区渔会（会员 2129 人），鹿港区渔会（会员 2692 人），福兴区渔会（会员 1666 人），王功区渔会（会员 2200 人），芳苑区渔会（会员 2264 人）及大城区渔会（会员 2358 人）②。各区渔会设会员代表 50～100 人，理事 7 人，常务监事 1 人，理事会互选理事长 1 人；区渔会设总干事 1 人，分渔民生活、渔业改进、经济服务及总务四股办事，业务包括：1. 渔民福利——渔民医疗、理发、保险、救济、康乐、平粜米及日用品供应。2. 经济事业——渔货冷藏、拍卖、渔用物资供应等。

1977 年 4 月，依“渔会法”修正案将彰化县内 7 区渔会合并成立

① 台湾彰化区渔会网站。

② 台湾彰化区渔会网站。

“彰化区渔会”，会址设于彰化鱼市场三楼，于原区渔会分设办事处。1984 年区渔会设信用部，供渔民融资，调节渔村经济。

1988 年兴建埔心鱼市场，拍卖贮藏鱼货。

经过 20 年的努力，各办事处均兴建或增建完成。1995 年 8 月运用台电开发电源基金、渔业局及县政府补助款、自筹款共计 5900 万元于鹿港兴建完成渔业大楼，渔业大楼为地下一层至地上五层的建筑物，总建筑面积 4040 平方米。一楼为信用部与渔民服务部；二楼为办公室，三楼为会议厅、视厅演示文稿室及资料室；四楼辟为渔业展示馆，分为 12 区介绍台湾渔业发展过程及特色；五楼规划为渔民活动中心，地下室辟为停车场与机房①。

彰化区渔会现有甲类会员 15338 人，乙类会员 2584 人，赞助会员 544 人，合计会员 18446。会员代表 1 人，置理事 2 人，监事 5 人，省代表 3 人。区渔会置总干事 1 人，总干事下设会务课、推广课、供销课、财务课、信用部、埔心鱼市场等与鹿港、线西、伸港、福兴、王功、芳苑及大城等 7 个办事处，其组织架构如下图所示。

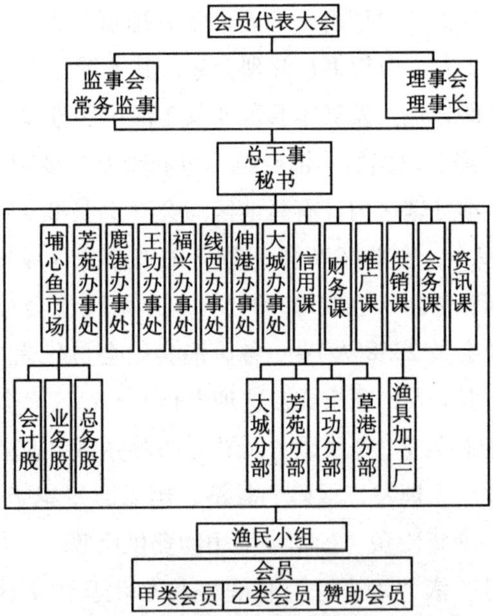

图 7.2　彰化区渔会组织结构图

① http：//tpfa. etaiwanfish. com/html/aboutme. htm。

三、彰化区渔会业务

（一）善尽渔会任务，保障渔民权益

1. 保障渔民权益，传播“渔业法令”及调解渔业纠纷。

2. 办理渔业改进及推广。

3. 配合办理渔民海难及其他事故的救助。

4. 接受委托，办理报导鱼汛、渔业气象及渔船通讯。

5. 协助设置、管理渔港设施或专用渔区内的渔船航行安全设施及渔业标志。

6. 办理水产品加工、冷藏、调配、运销及生产地与消费地鱼市场经营。

7. 办理渔用物资进口、加工、制造、配售、渔船修造及会员生活用品供销。

8. 协助设置、管理岛外渔业基地及有关国际渔业合作。

9. 办理会员金融事业。

10. 办理渔村文化、医疗卫生、福利、救助及社会服务事业。

11. 倡导渔村副业、辅导渔民增加生产，改善生活。

12. 倡导渔村及渔业合作事业。

13. 协助渔村建设集结哨，委托办理会员住宅辅建。

14. 配合渔民组训及协助海防安全。

15. 配合办理保护水产资源及协助防治渔港、渔区水污染。

16. 接受委托办理渔业保险事业及协助有关渔民保险事业。

17. 接受当局或公司团体的委托事项。

18. 经主管机关特准或指定办理的事项。

（二）真诚服务，尽心谋求渔民福利（会务课）

1. 会务管理——议事、选举及会籍管理。

2. 人事管理——人事登记、考核奖惩及讲习训练。

3. 事务管理——文书、档案、印信、庶务的管理。

4. 财产管理——财产资料文件管理及维护。

5. 福利服务事项——设置会员子女奖学金；办理会员劳健保业务；办理老渔津贴申请；办理渔民海难救助；协助办理渔业公共设施；其他

相关社会服务活动。

（三）积极创新，提高知能，丰渔利民（推广课）

1. 办理渔业改进及推广业务。

该会推广课成立于1986年，配合本县渔业情况，首先组织渔事班，辅导组织运作，培育渔村推广工作的基干。为建立完整的推广体系，复于1988年分别成立渔村家政班及四健会。在该会积极办理渔业改进及推广计划之下，年年荣获当局考核绩优单位。

2. 传承渔业文化。

1996年该会有鉴于保存渔业文化资产的重要性，利用该会渔业大楼四楼设置渔业文化展示馆，作为传承渔业文化及渔业推广教育的场所。年参观者逾万人，深受各界的好评。

3. 传播“渔业法令”、保障渔民权益。

为传播“渔业法令”，保障渔民权益，该会于2000年发行《潮间带》杂志，连续几年荣获台湾农训协会颁发的优良农渔民团体杂志奖等多项大奖，实属难得。

4. 保护水产资源。

为保护水产资源，该会于1996年成立王功地区海上巡守队，宣示渔民保护水产资源的决心。2000年奉“农委会渔业署”补助，正式成立水产资源守望相助队，确实有效地遏阻了海上毒鱼行为。

5. 维护船筏航行安全。

该会每年于本县渔民出海航道上架设水上标志竿，以维护船筏航行安全。同时成立渔业纠纷调解委员会，解决渔业纠纷，保障渔民权益。

除此之外，诸如报导鱼汛、渔业气象、渔船通讯，倡导渔村文化、医疗卫生、渔业合作及协助渔村建设亦为推广课重要任务。

（四）齐心协力，融通经济，振兴渔村（信用部）

该会信用部成立于1984年，期间因为业务发展的需要，在1988年成立芳苑信用分部，1990年成立大城信用分部，1991年成立王功信用分部，1996年成立草港信用分部。并于2007年成立福兴分部，服务扩及本县沿海居民，目前总存款54亿，放款33亿5千万，存放比60%，逾放比 2.57%，为全省绩优信用部①。

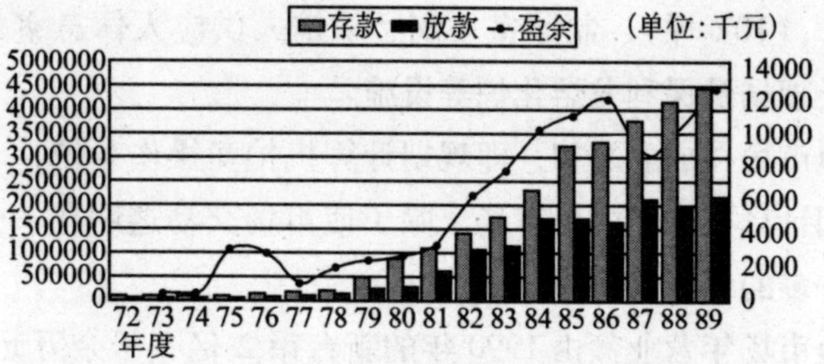

图 7.3　彰化区渔会信用部历年存、放款及盈余比较

信用部主要经办存款、放款及兑换外汇业务。存款包括活期存款、活期储蓄存款、支票存款、定期存款、定期储蓄存款、代收票据及汇款。放款包括无担保放款、担保放款、农渔业项目放款、优惠房屋放款。并代理收费业务如代缴税款、电话费、电费、水费等等。

1994 年因应业务信息化的需要，加入中区农渔会计算机共享中心，在 1996 年 4 月正式启用，将信用业务全面纳入计算机连线作业。同期设置全省跨行自动提款机，方便渔民使用自动提款机提款。

（五）携手迈向，产销平衡，造福渔民（供销部）

1. 办理水产品加工、冷藏、调配、运销及生产地鱼市场经营。主要有：（1）辅导乌鱼养殖产销班自产自销、乌鱼子礼盒推广促销，深受好评；（2）办理本县伸港、线西、鹿港、福兴、王功、芳苑、大城生产地鱼市场经营。

2. 办理渔用物资进口、加工、制造、配售。（1）申请当局辅助蚵线配售，每年约 20 万吨，佳惠渔民；（2）设置王功、线西加油站。依据台湾渔船油核配办法，统筹代购转交渔船油量每年约 100 余炳。

3. 组织产销班 31 班，班员 418 人，发挥产销组织功能，畅通运销管道，增加渔民收入。

4. 补助产销班设置计算机设备 32 套，辅导班员查询鱼货行情报导。

（六）计算机化拍卖，促使鱼货交易公平化

彰化区渔会埔心鱼市场，于 1987 年争取到“行政院农委会”、台湾省及彰化县政府补助兴建，历经 2 年完成。于 1989 年 12 月开始营运。

① 台湾彰化区渔会网站。

市场占地约2400坪，拍卖场有500坪，设置鱼货处理场、冷藏库6间、组合冷冻库（102坪）、制冰室一间、承销人供应人休息室、卫生检验室、污水处理场及保利龙熔化炉等设施。

埔心鱼市场在成立之初，即规划计算机拍卖操作系统，成为全亚洲第一个使用计算机拍卖的鱼市场，除了使市场交易透明化、公平化，同时也节省许多的人力与物力。

埔心鱼市场年营业额由1990年的新台币2亿8千余万元逐年增加，至2002年达8亿元，每年盈余、单位员工生产力与单位面积生产力多是呈现成长的状况。

（七）新世纪e时代带动渔会业务信息化

1. 负责各项业务计算机化研究、分析、规划、设计、建置、维护及执行。

2. 办理该会信用业务与中区农渔会共享中心的系统联系及规划执行。

3. 办理该会推行各项业务计算机化的标准厘定及策划执行。

4. 该会内部信息系统安全控管及制度建立与执行。

（八）信赖稳健，健全渔业财务

1. 办理该会预、决算的编审。

2. 办理该会财产入账登记。

3. 依财务管理办法编制会计报表。

4. 定期接受监事会财务检核。

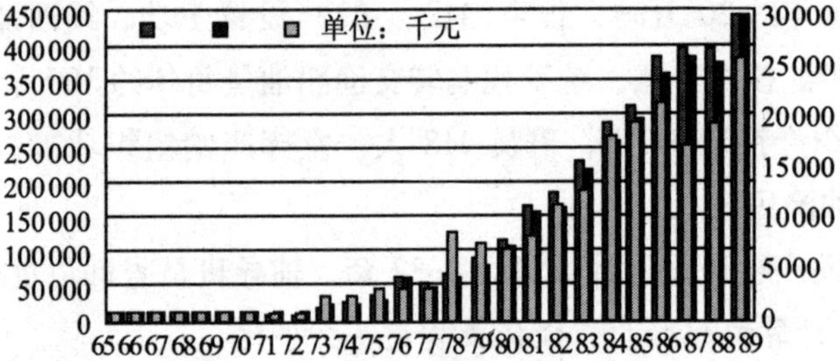

图7.4　该会历年收支与盈余比较

（九）缅怀先人智能，传承渔业文化

介绍渔业发展、传承渔业文化、推广渔业教育是彰化区渔会渔业馆的使命。

时代的巨轮不断向前推进，随着经济发展，岛内渔业亦大步发展。古早使用的渔业文物、渔具大多已经淘汰。为追缅彰化地区渔业发展的历史，该会在1996年完成渔业展示馆的设置。全馆分为12个展区，除了陈列旧时沿岸渔业所使用的传统渔具，并将台湾渔捞、养殖渔业及本县重要经济渔产业如蚵、鳗鱼、潮间带渔业等，辟为专区作系列展示。

该馆尚开辟经济鱼类标本、勒氏皇带鱼及鱼类邮票展示区，希望借由较具趣味性的展示内容寓教于乐，让参观者缅怀先人披荆斩棘冒险患难的精神，认识本地区沿海鱼类资源，拓展渔业知识领域，体认保存渔业文化的重要，以达到渔业推广教育目的。

（十）彰化区渔会信用部贷款项目简介

彰化区渔会信用部的贷款项目分类、额度、利率、期限等情况如下表所示：

表7.25

贷款种类	贷款对象	贷款额度	贷款利率	贷款期限	备注
1. 农民经营改善贷款	身心健康、从事农业经营，35～65岁之中壮年农民	最高额度300万元，其中周转金最高100万元	依“农委会”规定，目前年息2%	资本支出贷款最长10年，周转金最长3年	需具有畜牧、养殖登记证或实际从事农业生产、运销、加工者
2. 农业产销班贷款	农业产销班员设立暨辅导办法完成登记之产销班员	最高申贷额度300万元，其中周转金最高50万元	依“农委会”规定，目前年息2%	同上	需由辅导产销班单位出具班员的证明书
3. 农家综合贷款	农会会员，渔会甲类会员	每户最高20万元	依“农委会”规定，目前年息2%	最长5年	信用良好、全额投保农信保证
4. 提升畜禽产业贷款	取得畜牧场登记证书之农民	最高额度1000万元，其中周转金最高300万元	依“农委会”规定，目前年息2%	资本支出贷款最长15年，周转金最长3年	
5. 都市区指数型房贷	年满20岁至60岁，信用良好，具有固定收入来源者	依不动产担保估价，最高2000万元	首年2.18%，第二年起2.78%起，随同定储利率机动调整	贷款期间最长20年，采本息摊还。（本金宽限期2年）	免会员限制，都市区之认定，以土地誊本登记为主

续表

贷款种类	贷款对象	贷款额度	贷款利率	贷款期限	备注
6. 乡村区指数型房贷	年满20岁至60岁，信用良好，具有固定收入来源者	依不动产担保估价，最高2000万元	前二年2.5%，第三年起按本会定储利率指数加1.1%起，目前利率3.28%，起息随同定储利率机动调整	同上	免会员限制，农地建造农舍亦符合本项目
7. 公寓大厦住宅贷款	年满20岁至60岁，具有收入者，房屋须为本人或配偶、子女所有	依不动产担保估价总值七成折算，每户最高200万元为限	前二年2.5%，第三年起则依本会定储利率指数固定加1.4%，目前利率3.5%起	同上	免会员限制
8. 金如意土地贷款	农地、养地、旱地、建地、所有权全部者，借款人须信用良好，具固定收入	依不动产担保估价，最高2000万元	一般利率3.68%起，还款能力佳优质客户2.8%起	贷款年限最长2年，采按月付息，到期清偿方式	土地贷款保有议价空间。免会员限制

四、渔业发展概况

（一）为美丽的家乡，打造渔业新希望

彰化县位于台湾西岸，北以大肚溪与台中县为邻，南以浊水溪与云林县为界，面积1074平方公里，主要渔业生产地区包括伸港乡、线西乡、鹿港镇、福兴乡、芳苑乡、大城乡等6乡镇，海岸线全长50公里，沿海浅滩多为泥质潮间带滩地，地形平坦，面积辽阔。

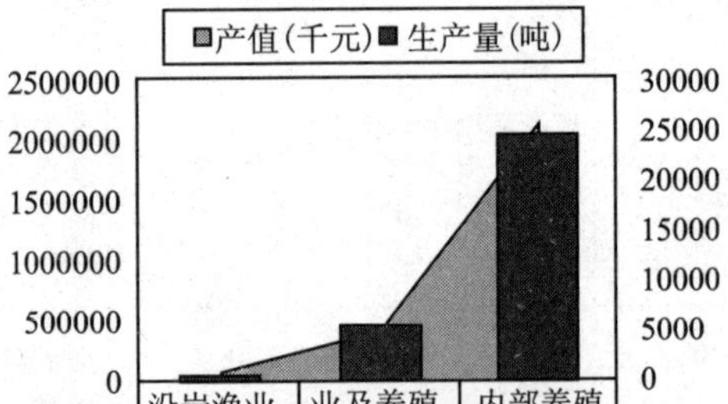

	沿岸渔业	业及养殖	内部养殖
产值(千元)	55271	374521	2118032
生产量(吨)	643	5083	24114

图7.5　彰化区渔业生产量值统计

本县现有人口数1312642人，渔户人口数17187人，占全县总人口数的1.3%,[①] 主要从事沿岸渔业、潮间带渔业及养殖渔业为主。

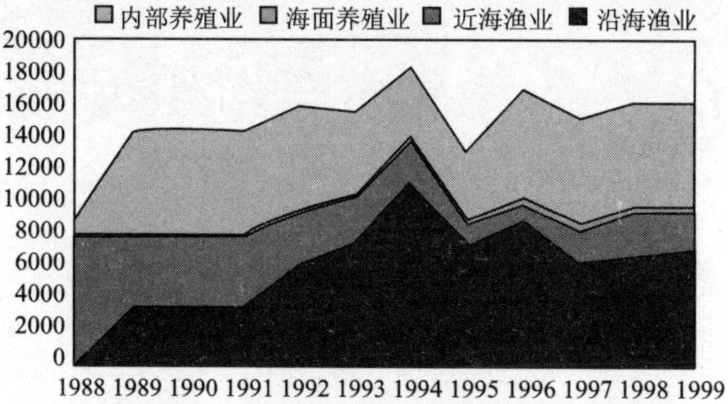

图7.6　彰化区渔业从业人数统计

（二）提升彰化渔业竞争力，促使渔业永续经营

彰化县的养殖人口约占总渔业人口的63%，随着鱼苗的繁殖成功，养殖技术的不断研究改进，促进了本县养殖渔业的蓬勃发展。主要养殖牡蛎、文蛤、蚬、鳗鱼、吴郭鱼、甲鱼等。

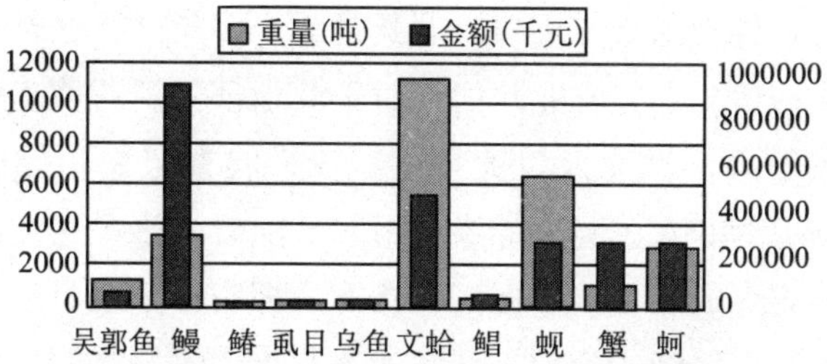

图7.7　彰化区主要鱼类生产量及产值

渔捞渔业方面，目前彰化有王功渔港、仑尾湾渔港、塭仔临时码头及各检管哨口泊区公船筏停泊。由于均属候潮港，全县仅有动力渔船22艘。以经营小型流刺网及一支钓为主，主要渔货3～9月为三牙、龙舌、花枝、目斗、红尾虾、花蟹等，冬季12～1月为乌鱼汛期，冬季至春季（12月至4月）则以鰆、白带鱼、鲳、午仔、黑鲷等为主。

---

① 台湾省渔会网站，http：//tpfa. etaiwanfish. com/html/aboutme. htm。

第八章　台湾农渔会组织发展趋向

第一节　台湾农会组织发展趋势及走向

一、台湾农会组织面临的危机与挑战

近一个世纪以来，台湾农会在发展农业、建设农村、提高农民所得、带动工商业发展等方面做出了显著的贡献。然而，进入20世纪70年代以来，台湾农业逐渐面临经贸自由化与国际化的冲击，产业结构调整的压力加上当局对农业保护政策的改变，连带影响农会的组织发展，农会组织面临着种种困难与挑战。尤其是近十多年来，在社会经济结构发生巨大变化的情况下，农业部门相对于其他部门所得明显偏低，农民务农意愿普遍下降，农业人口大幅度减少，农会组织功能因而相对萎缩，甚至逐渐成为非农民势力的渗透组织。随着政治民主化步伐的加快以及社会价值观念的改变，掌握庞大资源、拥有多数会员，且经营多项业务的农会组织，逐渐成为地方利益冲突与权力争夺的目标。随着政治色彩的加重，以农民利益为基点的农会受到极大冲击。

其中有些属于管理和设施上的问题，有些是人员观念上的问题，也有些属于组织结构上的问题。台湾农会组织面临的危机与挑战主要有：

（一）会员问题

1. 正式会员逐渐高龄化及青年会员脱离农业。农会正式会员年龄偏高，农作时间减少，农会成员外出求学就业，造成农村地区人口减少，并且兼业农民增加，正在动摇农会的基础；另一方面，少数的青年专业农民，以专业化技术扩大经营规模，不满意农会的推广、运销等方面的服务，有的脱离农会成立其他农业合作组织。这正适应了随着经济结构

改变而发生的人口迁移的大趋势①。

2. 赞助会员增加。正式会员由于农地出售、离农而丧失会员资格的人数很多，因而赞助会员就有所增加，导致农会组织日益空壳化。赞助会员增多，农会经营既要顾全正式会员的需要，又要考虑赞助会员的需求，常常顾此失彼，进而偏离农会宗旨。

3. 组织意识淡漠。以前会员与会员间、会员与聘任人员间，通过各种会议和活动，建立共识，凝聚向心力，目前由于兼业农民增多，农事小组会议徒有形式，外界资讯纷杂，以及农会经营方向偏离等，农会的宗旨、任务不再成为农会的中心任务，过去会员心中"咱们的农会"现在竟变成"你们的农会"②。

（二）组织系统内部问题

1. 内部竞争激烈。目前台湾农会面临多变的环境和严峻的挑战，基层农会上面虽有县（市）、省农会，但它们却未能发挥好辅导功能，放任各基层农会自行摸索发展。忽略基层农会角色及责任，形成产地农会间竞逐同一市场，也有县与县间的竞争，以及农会与农业合作社间的竞争。农会个别发展效果有限，彼此竞争力量抵消，导致供销、运输等经营常陷入困境，犹如一盘散沙。

2. 组织机能混乱。目前台湾农会会员与农会间、基层农会与县农会间、县农会与省农会间，以及同级农会相互间的纵横联结关系薄弱，机能分工缺乏准则。导致生产、运销业务的秩序混乱，信用业务的互助支援和集中运用资金等绩效不佳。

3. 徒具民主形式。农会以会员代表大会为最高权力机构，会员代表大会休会期间，理事会依会员代表大会的决议策划业务。但会员代表大会一年只开一次，议决重要的议案及农会各项计划，均草草过场，形式民主，实际运作中常常是农会总干事操纵着整个农会的命运。又如农事小组会议，原是农会经营者与会员最佳沟通机会，并作为农会经营方向的重要依据，可惜会员出席不踊跃，会议方式也欠妥当，效果不佳，逐渐失去了民主意义。

---

① 廖正宏：《人口迁移》，台湾：三民书局，1985 年版，第 160 页。

② 熊健：《台湾农会组织面临的危机与挑战》，《农业经济问题》，1999 年第 4 期。

（三）经营问题

1. 事业范围缩小。以前农会、农村及农家经济有关事项，皆为农会业务范围，在台湾经济发展初期及粮食管制时代，农会担负重大责任，当局也特别保护并禁止其他企业进入农会事业领域内。随着经贸与金融自由化、国际化，当局放宽各种经济管制，一般供销或金融等企业，逐渐到农村开展行销活动，这些企业凭借良好的服务态度、现代化的设备、优良的产品质量，威胁着农会的优势地位。

2. 经营方式保守。农会事业经营主要在解决会员的生产、运销、农地利用、地方农业发展、自然资源保护及会员生活等问题。当环境条件改变时，事业经营方向亦应随之调整。而目前台湾农会事业经营缺乏竞争应变能力，经营方针调整缓慢，不适应事业发展的需要。

3. 研发能力缺乏。一般企业为开发新产品或服务，皆投入巨额研发费用，以适应市场竞争。相形之下，长久受到当局保护的农会，除了机关、大专院校、研究单位及训练机构等进行相关研发外，农会很少作系统的历史、体制及发展研究，业务改进探讨也十分有限。

（四）管理问题

1. 财务管理混乱。农会经营为求收支平衡，许多管理干部习惯在决算报表上修改数据，造成财务不正确，有些是针对不良放款不实报，造成虚盈实亏；也有些是暗藏盈余或作假逃避责任①。此外，当前台湾农会普遍存在的财务问题还有：自有资本少，资本效率低；信用部的放款、经济事业的未收款等，常有债权回收缓慢问题，影响农会财务的健全及安全；经济事业的供销业务，常有大量库存品，长期闲置造成资金积压、利息负担及仓库占用等问题；推广、服务事业经营，常购置各种设备、交通工具或休闲设施等，利用率不高，或因季节性关系，或因是特别用途等造成人力、财力浪费。

2. 中层干部流失。由于经济发展迅速，工商业需要大量人力，干练的农会中层干部流出渐多，其原因可能是农会待遇较低、业务繁杂、工作时间较长、人际关系复杂、高层管理者以权营私或选任人员不公平等。

---

① 熊健：《台湾农会组织面临的危机与挑战》，《农业经济问题》，1999 年第 4 期。

3. 员工士气低落。一些农会员工士气低落，缺席、迟到、办公场所秩序混乱，员工纠纷较多，业务问题或事故增加，工作效率降低，事业计划无法完成，会员对农会产生不信任感。究其原因，各有不同，如待遇不满意，主管行事不公，经常加班，工作环境不好，劳动条件欠佳等。

4. 贪腐现象严重。由于台湾社会功利主义盛行，少数农会员工追求物质享受或一夜致富，铤而走险犯下罪行，造成农会重大损失，动辄千万上亿，不但影响农会营运，甚至造成农会信用危机。事件发生后，当事人身败名裂，亲人赔偿，理监事也要负责弥补，牵连颇多。农会理事、监事及总干事身负农会经营成败责任，如何加强管理，尤其是内部监察，建立制度化管理系统是十分必要的。

二、进一步加强农会建设与发展的措施

关于台湾农会组织的建设与改进问题，最早要追溯到日据时期。仅"农会法规"修订或新订工作，近 20 年来就有 1974 年、1981 年、1985 年、1988 年、1991 年及 1994 年的 6 次之多。内容主要包括扩大农会任务、增订合并方式、确立机能分割、农会信用部正式纳入金融系统管理、增列代理公库业务、废除股金制度、放宽总干事及聘雇人员兼任"国大代表"，以及依法登记的公司、行号、工厂得为农会团体赞助会员等规定。

最近几年，台湾专家、学者也从不同的角度对农会的组织、结构与功能进行了许多探讨，台湾农会组织结构究竟如何调整与改进，目前尚无定论。

1. 检讨农会任务与宗旨。"立法"对农会任务的要求过高过多，依"农会法"规定共有任务二十多项。在农会宗旨中，赋予、保障农民权益，促进农业现代化，发展农村经济等字样，实属拔高之举，内容空洞。事实上有些宗旨及任务项目，应属于当局的权责。随着社会经济环境变迁，农会、农民及农村问题错综复杂，农会为执行众多项目，已发生困难，人力、物力与财力等资源均有不足，主要宗旨也不易凸显。台湾农会兼具职业团体与企业组织的双重角色，业务多与农业合作社重叠，又不具合作原则，衍生出种种问题，原为农民权益保障者的角色日

益模糊，而热衷于追求经营利润。考量未来发展，台湾农会的任务与宗旨，需要作进一步的调整。

2. 制定综合性“农民团体法”。在台湾，与农民有关的农民团体、农业团体不在少数，但规范的法律各有不同，有的依据“农会法”、“合作社法”，也有的依据“人民团体法”成立，彼此之间协调联系不足，力量薄弱，恶性竞争，造成资源浪费，如能制定“综合性农民团体法”将有利于农会的健康发展。

3. 鼓励农会合并与层级简化。在激烈竞争的环境下，农民团体透过合并以扩大规模，提高效益。在台湾，部分农会已因规模较小，经营发展不理想，或因都市化发展，赞助会员数达到总会员数的九成以上，产生名不符实问题。进行区域合并和层级调整简化，放宽依行政区域组织的限制，对农会的发展有一定的推动作用。

4. 调整上级农会组织结构。各级农会职能区分清楚，角色定位明确，才能相辅相成，团结合作，不致彼此竞争，因此，上级农会应有与下级农会不同的组织结构。在台湾，上级农会与下级农会功能区分不明确，内部组织结构几乎类同，业务上也有竞争，这种体制亟待早日改进。

5. 恢复股金制度。出资是事业创办的必要条件，也是会员认同组织、负担经营盈亏责任的根本要素。台湾农会自 1974 年废除股金制度后，逐渐丧失原有的农有、农治、农享基本精神，农会不被会员认同且缺乏向心力，农会经营管理与庞大财产的营运，缺乏会员有效的参与和监督，农会已出现调适不良、功能衰退等严重问题。恢复股金制，会员出资、配息分红，使农会经营的优劣与会员的利益息息相关，可促进会员对农会的向心力与归属感。

6. 塑造农会新形象。在多元多变的社会里，统一员工意识，振奋士气，强化经营理念，创造企业文化，是当前企业形象展现的利器。对于形象日渐模糊、经营理念亟待革新的百年农会，更有必要展现特色，突出形象，塑造不同于其他企业的个性。建立企业识别体系（CIS），是使台湾农会耳目一新的关键，从思想上（MI）、视觉上（VI）及行动上（BI）改变，塑造农会在社会各界中的新形象。

三、台湾农会未来的发展趋势及走向

台湾农会融合了合作组织、企业组织、职业组织等多种组织的特性，而自成一家。农会的这种特殊性有其历史发展的演进过程，从日据时代日本政府把农会与产业组织合并成农会后，就种下了台湾农会多功能的种子①。光复后数次的变革，仍维持此种特性，它对台湾农业的发展贡献巨大，成为东南亚国家竞相仿效的组织。但是也由于农会的多种组织性格，随着时代的演变，增加了组织的复杂性与模糊性。于是台湾农会的发展也会跟着不同的时空调整步伐。今日的台湾农会不会局限于呆板的经营方式。

台湾加入 WTO 后，台湾当局允许台湾农会联合出资办公司和投资金融事业、经营生产资料和农产品进出口、农畜产品批发和零售市场等；还可以办旅游、休闲事业、经营餐饮业、旅馆等服务业，有的已超越供销范围，这说明农会自营业务进一步扩大；同时也伴随着农业经营的危机。目前的农会正处于危机或转型的关键时刻，未来的发展值得我们寄予更多的关注。

台湾农会组织，虽然历经长期的改进，已逐渐建立完整体制，具有良好的营运模式与健全的推广教育系统。成为当局与农民不可或缺的良伴。但随着农民知识水平的提升，生产自主意识高涨。对其权益维护，亦愈重视。因此如何发挥农会功能，以适应未来的需要，已成为台湾当前农业界研讨的课题。

未来将全面检讨修正农会组织及其事业各项相关的“法规”，以利农会的长期稳固发展。辅导各级农会事业均衡发展，省县级以专业经营为原则，乡级农会则仍采取多目标综合经营形态。研究改进农会组织权能划分制度，畅通农民陈诉管道，进一步保障农民的权益。这些措施将分别列入农业施政计划，能改善农会体制，成为未来农业现代化的坚强生力军。

随着胡锦涛总书记会见国民党主席连战、亲民党主席宋楚瑜，海峡两岸民间的沟通热潮也不断升温。台湾民众敦促当局尽快落实能够实现

---

① 郭敏学：《多目标功能的台湾农会》，台湾：商务印书馆，1977 年版。

的经济往来。据台湾媒体报道，台湾农会会员强烈呼吁当局抓住这一大好机遇，切实为台湾农民谋福利。在台湾水果进入大陆市场的大好形势下，其他农产品、产业也会有互惠的发展空间。

台湾农会作为政治性功能的农民组织，在这一崭新的时代潮流下，不仅要在台湾经济的发展中起到经济性功能组织的应有作用，为台湾经济及两岸经贸的进一步发展与融合作出贡献；更重要的是搭起沟通两岸对话交流的桥梁。台湾农会作为在台湾现有的制度下建立的当局与农民间的一个发展平台，所有的问题通过这一平台加以解决，这不失是一种良好的协调机制。当然不可否认，任何组织都有其弊端，台湾农会也不例外。但是更应该看到它所作出的贡献，所发挥的作用。

台湾的农会，有的走过了七八十年岁月，有的已逾百岁高龄。在历尽沧桑的时光隧道里，有风也有浪，有些农会信用部逾放比节节升高，其间也发生过无数次“挤兑”事件，超贷及黑道、派系介入的情形时有耳闻①。虽然有人担心，经营不善的基层农会信用部可能引发一波“金融风暴”②；不过，大部分体质健全的农会，正试图走向现代化经营的道路，农会大楼也愈盖愈高，这意味着农会经营方式只要能够推陈出新，仍将大有可为。

一名农政人员认为，台湾的乡村社会及农民，不能没有农会。他认为农会可以扮演“软堤防”的角色，因此农会的功能，不但不能被击垮，反而要有更积极的作为。从近年台湾农会的积极转型来看，农会已不再墨守成规，也不再坐以待毙，而是更积极地组织整合，突破困境，走出一条生路。

台湾农会的问题不是一个孤立的问题，如何以未来农业整体发展的需要来重新审视农会的地位与功能，帮助农会找寻新的出路，再创农会对农业升级与转型的贡献才是当前的重要任务。希望台湾农会在未来的发展中有更清晰的思路，能真正做到为台湾农民谋福利。

---

① 林如森：《百年农会的新挑战》，《南风窗》，2006 年第 17 期，台湾大学农业推广系。

② 许经勇：《剖析台湾农会信用部运作过程中的金融风暴之源》，《福建金融》，1996 年第 12 期。

第二节　台湾渔会组织发展趋势及走向

五十余年来，在渔业政策的落实，渔民福利的执行工作中，渔会扮演相当重要的角色，对台湾渔业发展贡献良多，同时对渔民权益之保障，渔民知识、技能之提高及生活改善亦有相当大之功能。但近年来随着内外环境的变迁、渔业结构转型与调整，渔会已面临冲击，如何调整因应继续担负重任，朝向永续经营迈进，为渔会目前重要的课题。目前台湾地区包括省渔会在内计有 40 个渔会，渔会辖属会员计 372400 人，其中甲类会员 329022 人，占总数之 88.35%，乙类会员 21307 人，占总数之 5.72%，赞助会员 22071 人，占总数之 5.93%①。

一、渔会面临之挑战与困境

（一）内环境因素

1. 经营事业处于萎缩状况。

渔会内部组织分金融事业、经济事业及服务事业三大部门，金融事业以信用部为主，办理会员资金融通，目前计有 25 家渔会设置信用部；经济事业以鱼市场、冷冻（藏）加工厂、购物中心、共同运销、渔船油转售为主；服务事业以劳、健保业务，渔事，四健，家政业务为主。40 个渔会总净值为 61 亿元。渔会虽以服务渔民为宗旨，历年各级渔会结算年度事业收支，或多或少均有盈余，但自 1999 年起已有少数渔会呈现亏损，其主要原因为金融市场自由化，地方基层金融营运逐渐恶化；经济事业则因人事等营运成本渐高，供销业务竞争力衰退，鱼市场交易受场地限制无法成长，影响管理费收入；而服务事业的经费多为当局以计划方式补助，维持运作。2001 全年 40 个渔会经营金融、经济事业总盈余为 4700 万元，服务事业结余 2600 万元，可见财务体质逐渐萎缩。

2. 组织活化不足。

渔会长期以来依赖渔业保护政策、当局政策性的辅导，并受渔会以会员为服务对象的限制，导致经济事业多不具竞争能力，财务体质不

---

① 台湾渔产、渔业智库，http：//www. aptcm. com/fish/km. nsf。

良，无法吸引杰出人才进入渔会服务，且总干事具用人权，易受理、监事影响，以致内部组织失去弹性。依渔会聘用人员学历统计分析，40个渔会于1991年时聘雇总员额为1826人，大专以上学历240人，占总员额13.2%，高中以下学历1586人，占总员额86.1%。而2001年进用总员额为1977人，其中大专以上学历为458人，占总员额28.2%，高中以下学历为1419人，占总员额71.8%。十年间大专以上学历人数虽少有提升，但员工仍有七成以上为高中以下学历，为影响组织活化的重要因素。

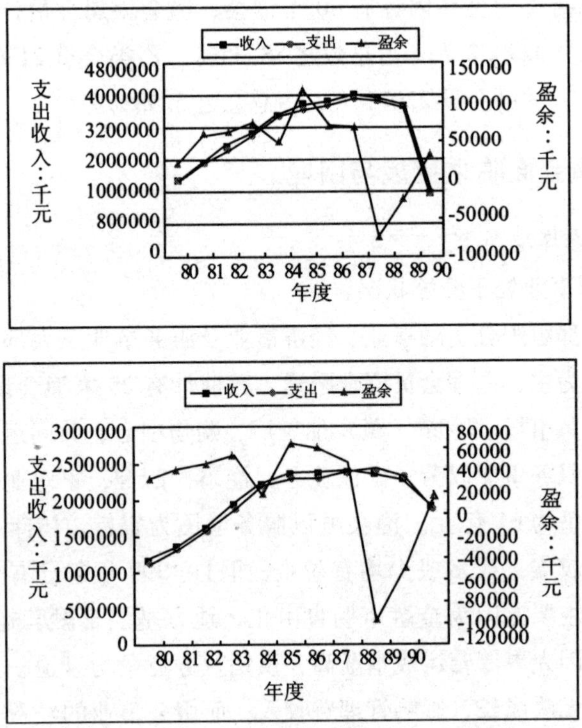

图8.1

3. 实际从事渔业会员减少，其他会员增多的困扰。

渔会服务会员为渔会组织的目的及任务，依现行“法令”，会员入会资格宽松，而会籍清查渔会多不主动积极处理，加以每四年一次之渔会改选涉及派系利益，以至于在产业面临缩减的情况下，会员仍有增无减，目前已逾37万人，不仅耗费福利资源，更造成渔会行政运作之阻碍。

4. 渔民与渔会互动疏离。

随着社会环境的演进，渔民对渔会之认同及向心力逐渐丧失，对于渔会盛衰荣枯漠不关心，对渔民经营困境渔会也好像使不上力。

（二）外部环境因素

1. 渔业经营国际化的趋势。

联合国海洋法公约在 1994 年 1 月 16 日生效，国际上对于海洋资源的利用和管理更为关注，以往台湾当局渔业政策较偏重于生产面，晚近已调整资源、生态及环境保护，以促进海洋产业永续发展为理念。

2. 贸易自由化的冲击。

加入世界贸易组织（WTO）后，预估岛外水产品将因关税大幅降低后输入的增加，对台湾内部水产品造成强大市场竞争压力，渔业生产结构必须加以调整与转型，渔会的利基、组织结构必然受到冲击。

3. 两岸关系发展的影响。

“解严”后，渔业受两岸交流热络之影响，虽然在渔业劳力上有互补之利，但也衍生出渔业秩序及管理的问题，加以两岸进入 WTO 后，远洋、近海、沿岸及养殖渔业的经营势必受到影响。

二、因应策略与机会

（一）组织知识化

渔业面临急速的转型与调整，未来知识型的产业才有发展的空间，渔会为引领渔民进入知识经济时代第一线的推手，应以培养及引进人才，促使渔会组织活化与健全，因应内外的变局，永续渔会经营为首要目标。

（二）经营多角化

渔业调适的方向已朝多级产业化发展，“智能加上功夫”是创造产品高附加价值的途径，精致渔业、休闲旅游事业以及策略联盟之经营方法是产业升级的做法。同样，渔会不论在经济事业、服务事业、金融事业或其他事业上，更应有此想法与做法，以增加渔会财源。

（三）网络信息化

与时间赛跑，为事业拓展与深耕的重要基本因子，随信息科技时代的来临，建构产品行销信息系统为企业发展成功的要件，渔会需掌握契机，培育信息人才，加速规划建立行销信息网络，推广区域性自有服务品牌，配合产销需求，强化产销效能，有助于竞争。

2001年3月9日颁布的“渔会法”增修条文规定，渔会可筹组公司办理“法定”事业，赋予渔会更宽广的发展空间，可依此强化组织服务功能，并健全财务结构。渔会未来的发展应建构在大整合与国际化的格局上来思考，以便与台湾的经济发展接轨。

三、台湾渔会未来经营方针

（一）加强渔业资源保护工作

确保渔业资源丰富，才能让渔民有生财之道得以维生，提升其生活品质；且可以让渔业资源得以生生不息，维护海底世界的共生共存食物链，以使渔业资源无所匮乏。

（二）落实渔村推广教育工作

除强化渔民生产技术的培训外，更加强渔村妇女家庭管理及营养保健教育，落实渔村青少年“四健”活动的执行，以改善渔家的生活环境与面对环境多角化的适应力，增进渔民对渔会的认同感与向心力，建立渔会新形象。

（三）改善产销管道工作

加强鱼市场的经营管理方式，减少场外交易情况，以改善鱼市场的亏损情形；借由直销中心的经营方式，让渔民直接将其生产、加工或捕捞的渔产品卖给消费者，减少中间商不当的剥削，增加渔友的收益。并提供给渔友相关的产销信息，以减少大家一窝蜂养殖的心态，避免供过于求的状况，造成量多价贱的惨状，而使渔民损失不眦。尤其布袋、东石沿海养殖牡蛎的渔民甚多，每逢台风季节来不及收获的损失情形严重，或是盛产期时，因无多渠道的产销制度，致使渔民常血本无归，所以改善渔产品的产销管道是当务之急。

（四）强化信用部金融业务的工作

改善员工服务的品质，加强信用金融业务多角化服务项目，以迎合现今多变社会的竞争力，并设法降低逾放比例，以强化信用部的财务结构，改善渔会收入情形。

面临社会环境的变迁，渔会的组织架构有待加强，以迎合时势求新、求变的汰弱留强之生存观念，服务渔民的精神以达到精、简、速的三原则为目标，使渔民认同渔会的存在价值与服务渔民的使命感。

第三节 两岸农渔业合作——台湾农渔会组织发展的新契机

一、"台湾经验"：依靠农会建设新农村

"建设新农村"，首要一环就是建立真正属于农民的"农会组织"。台湾在农村建设中充分发挥农会组织作用的经验，给大陆的农业建设不少启迪。

上世纪70年代，台湾"行政院"针对农民收入增长缓慢、农业和农村逐渐衰败等情况，制定了"加速农村建设九项重要措施"①，以及一系列的政策和法律。其中在1974年颁布施行的"农会法"从组织构成和运作上对农会进行了全面规范，使之成了农村建设的"重要基层执行单位"。农会为发展农业、建设农村和提高农民所得做出了极大的贡献。对此，台湾学者有过这样的评价："台湾农业发展所缔造的奇迹，是经历无数挑战与奋斗的成果，全台湾农民最重要组织的农会之改进和加强，与'政府'密切合作，发挥了关键性的功能与影响力，实为其重要因素之一。台湾以往的经验体现出，只有透过农民自有组织的努力，农业发展与乡村发展计划始能有效推动。"

台湾在农村建设中充分发挥农会组织作用的经验，对大陆的"建设新农村"是具有实际性的借鉴意义的。有许多有识之士在一定程度上认识到了"农民组织"在"建设新农村"中的重要性，但是，无论是政界还是学界，对在中国大陆农村是否需要建立"农会"这类农民组织，基本上还是持否定态度的。其理由主要有三个方面：

其一，在中国历史上，农会一直是具有革命性的政治组织，成立农会有可能为社会动荡提供组织资源。

其二，中国大陆农村有较为系统的基层政权组织，如何处理农会与

① 茅家琦：《台湾三十年》，河南人民出版社，1988年版，第287页。

基层政权组织的关系将是一个非常复杂的政治问题。

其三，通过建立农民经济合作组织和社区服务组织可以填补现在农村组织的缺位。

台湾农会的经验表明，只要管理得当，组织得体，农会完全可以成为“政府”与农民之间的纽带，为社会稳定和整合发挥重要作用。同时，台湾农会是以属地主义原则建立起来的组织体系，在贯彻“政府”的农村政策中能与基层政权各司其职、相互配合。而且，由于农会的组织方式及任务的独特性，其在农村社会的作用，特别是对农村社会的转型所起到的作用，是其他社会组织不可替代的。但是大陆要建的农会组织是与台湾农会有所区别的，首先它应该是一个经济、教育和社会组织，而不是一个政治组织。实际上，台湾的农会虽然具有经济性、教育性、社会性和政治性，但是更偏重的还是经济性和教育性，而不是政治性。在2000年以前，台湾的农会一直没有对政权提出挑战。这点发展经验对大陆农村发展农会组织，有着非常重要的参考意义。不需要把所有民间组织政治化，更不要有太多的戒心和警惕，而需要更多地去引导和帮助民间组织。

具体到实施途径，可以首先简化我国乡镇政府职能，特别是要将乡镇政府的经济职能剥离出来，交由类似农会这样的农村民间组织承担，使乡镇政府变成县政府的派出机构。其次在乡镇范围建立农村民间组织，并赋予该组织经营农村金融的职能，使其从这样的经营组织中获取其运行的经济条件。从制度上，国家将目前由信用社经营的业务交给乡镇农民组织兴办和经营，与此同时，将行政村改造成乡镇农民组织在乡村的办事处，在农民中间组建产销班这样的新组织，从而降低政府在农村的管理成本。最后国家从法律上规范农村民间组织，并要求地方政府帮助建立农村民间组织的章程。

二、台湾渔会制度对大陆渔业协会制度完善的启示

（一）应建立并完善大陆渔业协会法律法规体系

如前所述，台湾建立了较为完善的渔会法律法规体系，其中既有“渔会基本法”——“渔会法”和“渔会法施行细则”，同时也有渔会具体实施细则和地方性渔会法规。台湾通过“立法”推动了渔会发展，

提高了渔会和渔民的经济地位和社会地位；将渔业和渔民作为一个整体加以保护，提升了渔业和渔民的市场优势，形成了一种有别于未受保护群体的市场力量，有助于促进渔业发展和保护渔民权益。目前大陆渔业协会发展已初具规模，除设立最早的中国渔业协会之外，各个地方也纷纷建立了自己的渔业协会，如北京市渔业协会、江苏省渔业协会等。然而，大陆渔业协会法律体系发展状况与渔业协会的发展速度和规模并不相宜。大陆尚未制定任何有关渔业协会的法律法规，各个渔业协会仅是在各自协会章程中对本会的相关事宜作出简单的规定。因而，大陆渔业协会目前还处于无法可依的状态。这种状态不仅使得渔业协会在具体操作过程中无章可循，使渔业发展和渔民权益得不到可靠的保障，而且使得各个渔业协会间的关系模糊，协会间缺乏交流合作，这些不仅无法满足大陆渔业协会的发展要求，而且实质上已经限制了协会的发展。对此，大陆应在立足自己实际情况的基础上，借鉴台湾渔会法律体系的成功经验，加快渔业协会立法，首先应尽快出台协会基本法《渔业协会法》。各地可依据《渔业协会法》，并结合本地特殊情况，制定地方性渔业协会法规，从而逐步建立一整套渔业协会法律体系。使渔业协会有法可依，使协会的活动得到有效的法律规范，从而更好地促进渔业可持续发展，保护渔民的合法权益。

（二）提高渔业协会从业人员的素质和专业技能

人才是渔会发展的关键，渔会人员素质的提高是渔会持续发展的基础。渔会之所以能够掌握市场，开拓服务空间，并从事各种业务活动，归根结底都要依靠高素质的人才。高素质并不仅是指具有高学历和高专业技能，更在于能够将专业知识运用于实践，用知识服务渔业，服务广大渔民。除了具有专业技能以及较强的实践操作能力之外，高素质还应包括献身渔业的热忱，及对渔业、渔民的认同和关怀。

台湾渔会主要通过以下两种途径获得高素质的渔会人员：一是渔会人员的招募；二是渔业人员的在职培训。在实践中，台湾渔会通过各种形式，如考试、考查等方式，招募优秀人才。并经常加强对渔会人员的教育训练，充实其专业技能，例如提供计算机培训，请专家学者到渔会演讲有关经营理念、渔业捕捞、养护等方面的知识，为学员提供学费，鼓励其到学校进修，还举办有关渔会人员家庭孩子教育或卫生健康等方面的咨询，让渔会人员有受尊重感、参与感、认同感和使命感，从而能够更积极地投身于渔业事业中。此外，台湾渔会对渔业人员录用、晋升、奖惩、培训等问题都作了详细规定，这有利于规范渔会对人员的招募、培训等活动，也有利于加强渔会对人员素质的提升。

大陆渔业协会力图发展，也必须重视人力资源并拥有丰沛的高素质人才。然而，由于大陆渔业协会尚处于初级发展阶段，并缺乏渔业协会方面的法律法规，对协会人员资格、考核、奖惩等尚未有比较成熟的做法，没有形成完善的渔业协会人事制度体系。因而，大陆渔业协会需借鉴台湾渔会人事制度经验，加强对协会人员素质的提高。首先大陆应在健全渔业协会组织体系的法律法规基础上，通过考试、考核等多种方式将具有管理、科研，以及渔业专业知识的优秀人才汇集到协会中，为协会的发展打下坚实的人力资源基础。其次，大陆渔业协会应重视对协会人员的在职培训。例如定期举办各种培训班、专业讲座等，并使各项培训课程向更加灵活性、专业化以及多样化方向发展，使协会人员不仅拥有足够的专业能力以应对协会不断变化发展的需求，而且使其具有全方位的能力和素养，以为未来渔业的发展描绘更加壮丽的蓝图。最后，渔业协会应重视全民渔业产业观念的培育。协会可以通过与政府部门的合作，在初级教育中便让学生接触渔业和渔业协会方面的知识，将渔业产业观念和渔业协会文化理念融入青少年教育中，使青年一代便有对渔业产业的信心，建立渔业协会发展的文化基础，从而为渔业和渔会的持续发展创立永续的人力资源。此外，大陆渔业协会还应注意给予协会人员以切实的权益保护，完善协会人员的保障体系，以消除协会人员对自己未来的不确定感，使协会人员将自己视为渔业协会大家庭的一分子，将渔业视作为之终生奋斗的事业。

（三）使渔业协会的职能向多元化、规模化、自主化方向发展

大陆渔业协会应借鉴台湾渔会发展的成功经验，增加职能，拓展业务范围，使协会的经营项目向多元化、规模化和市场化方向发展。

首先，大陆渔业协会应突破原有的单一性职能的局限性，将经营范围扩展至与渔业生产、销售有关的经济领域，如设立渔业生产企业、鱼市场，以及创办休闲渔业等。以休闲渔业为例，其最早兴起于20世纪60年代的一些经济较发达的沿海国家和地区，它是将休闲、娱乐、旅

游、餐饮等行业与渔业有机结合为一体的新型产业。① 发展休闲渔业可以最大化利用渔业自然资源和渔区的社会经济资源，提高渔业的社会生态和经济效益，将旅游市场需求和渔业产业结构有机结合起来，这既可以为渔业协会增收创利，又可以安置大陆大量转产转业的渔民，为渔民提供新的就业机会，增加渔民收入，也为政府分忧解难。而且渔业协会可以通过投资成立旅行社的方式来发展休闲渔业，并聘请专业人员管理，走专业化经营道路，直接接受市场挑战。同时渔会作为旅行社的所有权人应对旅行社的各项经营行为进行监督管理。此外，在金融领域，大陆渔业协会应吸取台湾渔会信用部的教训，不宜开拓金融职能。因为大陆渔业协会发展尚不成熟，无力开展金融业务，并应对复杂的金融风险。对此，大陆渔业协会可以通过争取政府财政拨款，以及国家政策性银行和商业金融的优惠信贷，以弥补缺乏信用业务的不足，满足渔业发展的资金需求。

其次，大陆渔业协会应逐步完善渔业的产业化体系，实现渔业规模化效应。目前在大陆分散渔户经营仍处于主导地位，其存在很多缺陷，如大多渔户经济实力都比较脆弱，无力抵御因市场竞争、需求变化而带来的巨大市场风险；组织无序的渔户也难以及时、全面、准确地掌握市场信息，并对未来变化进行科学预测；而且在生产上也往往彼此模仿，造成同上同下、大起大落，产品生产难以有效地转为商品生产。可见，大陆渔业存在着渔业产业体系不完整、产业化水平低、相关产业不配套或配套不完善、生产加工流通环节相脱节、行业之间利益关系不紧密等问题。对此，大陆渔业协会应大力推行养、捕、加、流通一体化，贸、工、渔综合适度规模经营，有效地引导渔业生产全面走上规模化、产业化发展轨道，使渔业生产及其相关环节紧密结合，从而建立渔业自我积累、自我发展、自我保护的机制，以在激烈的市场竞争中立于不败之地。另外，大陆渔业协会还应注意扶持龙头企业，以增强渔业产业的带动力，达到规模经营的目的。龙头企业具有开拓市场、引导生产、深化加工、搞好服务的综合功能，其经济实力的强弱和牵动能力的大小，决

① 储英奂：《发展比较优势进一步发展中国海洋渔业》，《中国农业经济》，2003 年第 11 期，第 44 – 49 页。

定着经营的规模和成效，对渔业规模化、产业化发展具有极其重要的作用。

最后，大陆渔业协会应顺应市场变化的趋势自主开展各项经营业务。渔业协会在发展自身业务时，应注意遵循市场经济规律，使各项经营项目能够参与到市场竞争中，并依据市场的需要自主经营，以便能够经受各种市场风险。尤其是大陆地域广阔，各地情况不同，各地渔业协会也应因地制宜，利用各地独特的地理、经济等方面的优势，并根据各地市场需求发展特色渔业项目。只有这样，各个渔业协会才具有不能为其他渔业协会所替代的优势，才能具有不断发展的核心能力。①

三、两岸合作新模式

（一）台湾农产品进入大陆市场

为了积极推动、努力促进台湾的农产品在大陆扩大销售，大陆方面邀请台湾省及县市农会负责人组团到大陆进行沟通，大陆也愿意派团前往台湾，特别是到南部的农产品产地进行考察，就台湾农产品在大陆的销售问题直接进行交流。大陆欢迎台湾农业界人士来大陆发展，并愿意为台湾农民提供创业空间。

两岸农渔业采取互补方式，可以达到双赢，让两岸农民都能增加收入。就目前来说，尤其对台湾的农民有巨大的好处。

台湾的农业是精致农业，研发能力强，产品优质，高档，产量大。热带水果、花卉、蔬菜等都是具有优势的农产品。但是台湾本土市场狭小，并且水果等产品不宜保存，一旦滞销，经常造成农民的血本无归，在这种情况下，农民通常期望能够有一个稳定、广阔的市场，大陆市场潜力大，消费水平不断提高，是台湾农产品的理想销售地。

（二）加强两岸渔业协会的交流与合作

台湾和大陆海上渔业资源相互重叠，特别是台外岛与福建沿海地区，历史上便是两岸渔民的共同作业区域，是两岸渔业所共享的发展空间，因而台湾和大陆渔业的发展是休戚相关的。然而，由于政治方面的

---

① 陈明吉：《农业组织转型的契机》，http：//www.npf.org.tw/PUBL.LCA.TLON/TE/091/TE-R-09/-007.htm.2006/04/08。

原因，两岸渔业缺乏必要的交流与合作，在海上渔业捕捞、渔业资源保护以及渔工输出与保护等方面有待进一步沟通协调。如台湾方面认为福建沿海渔民到台湾外岛所属海域捕鱼，侵犯了台湾渔民权益，因此加强对这一海域的巡逻，甚至采取驱逐行动，被称为“晴空专案扫荡行动”，这影响了两岸渔业合作与两岸关系的改善。而作为渔业中介组织的两岸渔业协会之间的交流合作也极少，仅有几次简短的互访。如 1996 年 7 月，应台湾农村发展基金会的邀请，中国渔业协会一行 4 人前往台湾进行渔业考察，并与台湾渔业界就两岸渔业合作和双方关心的沟通问题进行了座谈；1998 年 6 月，应台湾水产协会的邀请，中国渔业协会赴台出席“海峡两岸渔业资源永续利用研讨会”。对此，为解决目前两岸渔业问题，寻求两岸渔业共同发展，应通过渔业协会的中介作用加强两岸渔业的合作与协调，特别是在技术和人员方面的交流与合作，才是两岸渔业双赢的正确策略。

1. 引进台湾的渔业优良品种和技术。渔业技术是未来渔业发展的竞争核心。大陆渔业要谋求长远的发展，就必须走专而精、品牌渔业的道路。而要实现这一目标，就必须加大渔产品优良品种与渔业技术的开发或引进。台湾拥有较为先进的渔业技术，并在渔业技术和优良品种开发和运作方面有着很多成熟的经验。大陆渔业协会应积极加强与台湾渔会的合作，引进台湾渔业的先进技术和优良品种，并借鉴台湾渔业技术开发经验，建立渔业生物科技园区，将渔业科技化、园区化、产业化，为大陆渔业的发展提供技术支持和保障。但是，由于台湾当局封锁对大陆输出渔业技术和优良品种，两岸渔业技术的交流与合作难以开展。对此，大陆突破台湾当局封锁政策的最好手段就是引进台湾优秀的渔业技术人才。① 台湾渔业领域的优秀人才众多，在台湾渔业面临发展瓶颈的情况下，其要拓展新的发展空间，大陆便是一个很好的选择。大陆也应制定特别优惠政策，鼓励吸引台湾渔业技术人才到大陆发展，甚至定居，使其能够更好地在大陆发挥所长。

2. 两岸渔业协会应加强渔业从业人员的交流与合作。以大陆渔工输

---

① 《当前两岸农业合作应注意的几个问题》，http：//www.china.org.cn/chinese/TCC/haixia/992990.htm。

台问题为例，近年来，台湾渔业因渔工不足而发展困难。而大陆渔业劳动力资源丰富，且福建在文化、生活习惯、气候等方面与台湾近似，因而福建籍渔工对台湾渔业而言是最佳选择。自上世纪90年代，台湾开始从大陆雇用渔工，到2001年达到3万人，加上在海外远洋渔业机构雇用的1.5万大陆渔工，总计达到4.5万人。然而，由于台湾方面对大陆渔工保护不够，大陆渔工权益受损，大陆方面被迫于2002年初宣布"全面暂停对台渔工劳务合作业务通知"，两岸渔工合作就此中断。对此，台湾渔会与大陆多次进行协商，但因台湾当局态度强硬，最终未能很好地解决大陆渔工输台问题。2002年2月，台湾省渔会访问大陆海峡两岸渔工劳务合作协调委员会，表达进行渔业合作的愿望，并达成三项共识：一是由台湾渔会组成与大陆海峡两岸劳务合作协调委员会的对口组织；二是双方研拟雇用与输出渔工管理办法草案，以保障渔工权益及义务，并在近期协商，重新签订合同；三是大陆方面同意尽快恢复大陆渔工输台。但由于台湾当局坚持除由主管机关授权外，任何台湾机构或民间团体均不得与大陆签订任何形式的协议，因而恢复大陆渔工输台问题只能暂时搁置。至连战访问大陆后，两岸重新就大陆对台渔工输出问题进行协商，但仍无实质进展。2005年4月，台湾"中华国际渔业发展协会"访问大陆，与海峡两岸渔工劳务合作协调委员会再次商谈恢复大陆渔工输台一事，大陆同意只要台湾方面能够充分保护大陆渔工的合法权益，可以恢复对台输出渔工。但因台湾民进党当局一直未作出反应，大陆对台输出渔工问题最终无果而终。① 这使两岸渔业在人员方面的进一步交流与合作陷入僵局，并限制了两岸渔业尤其是台湾渔业的发展。

通过对两岸渔业协会的法律法规、组织体系以及相关职能的比较可以看出，台湾渔会在诸多方面较大陆渔业协会发展成熟，大陆渔业协会应在认真研究分析台湾渔会"立法"和实践的基础上，结合大陆的实际情况，有选择地借鉴台湾渔会经验，逐步建立并完善大陆渔业协会的法律体系、组织机构和相关职能。同时，台湾渔会目前也面临着渔业不景气、渔工不足等困难。两岸渔业协会互通有无，取长补短，加强相互间的交流合作，是维护两岸渔业长远利益的双赢策略。

---

① 《大陆决定回复对台渔工劳务合作业务》，http：//www.weihai.gov.cn/sh/fwhc。